Análise Bayesiana com Excel & R

Análise Bayesiana com Excel & R

Conrad G. Carlberg

ALTA BOOKS
GRUPO EDITORIAL
Rio de Janeiro, 2024

Uma Olhada Rápida no Conteúdo

Conteúdo Bônus para Download

Planilhas Excel

Livro: *Statistical Analysis: Microsoft Excel 2016* (PDF) [Conteúdo em inglês]

Para acessar materiais de bônus, por favor, registre seu livro em informit.com/register e insira o ISBN 9780137580989.

Análise Bayesiana com Excel & R

ISBN: 978-85-508-1985-3

Authorized Portuguese translation of the English edition, entitled Bayesian Analysis with Excel and R, 1st edition, ISBN 978-0-137-58098-9 by Conrad Carlberg, published by Pearson Education Inc., publishing as Addison-Wesley Professional, which owns or controls all rights to publish and sell the same. Copyright © 2023 Conrad Carlberg . PORTUGUESE language edition published by Grupo Editorial Alta Books Ltda., Copyright © 2024 by STARLIN ALTA EDITORA E CONSULTORIA LTDA.

Impresso no Brasil — 1ª Edição, 2024 — Edição revisada conforme o Acordo Ortográfico da Língua Portuguesa de 2009.

Dados Internacionais de Catalogação na Publicação (CIP)
(BENITEZ Catalogação Ass. Editorial, MS, Brasil)

C278a
1.ed. Carlberg, Conrad G.
Análise Bayesiana com Excel & R / Conrad G. Carlberg ; tradução Leandro Menegaz. -1.ed. - Rio de Janeiro : Alta Books, 2024.
224 p.; il.; 15,7 x 23 cm.

Título original: Bayesian analysis with excel and R.
ISBN 978-85-508-2121-4

1. Estatística. 2. Inferência Bayesiana (Probabilidade). 3. Microsoft Excel (Arquivo de computador). 4. Teorema de Bayes. I. Menegaz, Leandro. II. Título.

10-2024/19 CDD 005.3684

Índice para catálogo sistemático:
1. Microsoft Excel : Estatística : Inferência Bayesiana : Informática 005.3684

Aline Graziele Benitez - Bibliotecária - CRB-1/3129

Produção Editorial: Grupo Editorial Alta Books
Diretor Editorial: Anderson Vieira
Vendas Governamentais: Cristiane Mutüs
Gerência Comercial: Claudio Lima
Gerência Marketing: Andréa Guatiello

Produtora Editorial: Isabella Gibara
Tradução: Leandro Menegaz
Copidesque: Rafael Souza
Revisão: Denise Himpel
Diagramação: Natalia Curupana
Revisão Técnica: William Pereira
(Analista e Desenvolvedor de Sistemas)

ALTA BOOKS
GRUPO EDITORIAL

Rua Viúva Cláudio, 291 — Bairro Industrial do Jacaré
CEP: 20.970-031 — Rio de Janeiro (RJ)
Tels.: (21) 3278-8069 / 3278-8419
www.altabooks.com.br — altabooks@altabooks.com.br
Ouvidoria: ouvidoria@altabooks.com.br

Editora
afiliada à:
ASSOCIADO

Conteúdos

Conteúdo Bônus para Download

Planilhas Excel

Livro: Statistical Analysis: Microsoft Excel 2016 (PDF) [conteúdo em inglês]

Para acessar os materiais bônus, registre seu livro em informit.com/register e insira o ISBN 9780137580989.

Sobre o Autor

Conrad Carlberg é um especialista reconhecido nos EUA em análise quantitativa, análise de dados e aplicativos de gerenciamento, como Microsoft Excel, SAS e Oracle. Ele possui um Ph.D. em estatística pela Universidade do Colorado e recebeu várias vezes a designação Excel MVP da Microsoft. Ele é autor de vários livros, incluindo *Business Analysis with Microsoft Excel*, Quinta Edição, *Statistical Analysis: Microsoft Excel 2016*, *Regression Analysis Microsoft Excel* e *R for Microsoft Excel Users* [todos sem publicação no Brasil].

Carlberg é natural do sul da Califórnia. Após a faculdade, mudou-se para o Colorado, onde trabalhou para uma sucessão de startups e fez pós-graduação. Ele passou dois anos no Oriente Médio, ensinando ciência da computação e esquivando-se de camelos mal-humorados. Depois de terminar a pós-graduação, Carlberg trabalhou no Oeste dos EUA (em uma Baby Bell) em gerenciamento de produtos, e na Motorola.

Em 1995, Conrad abriu uma pequena empresa de consultoria (www.conradcarlberg.com), que fornece serviços de design e análise para empresas que desejam orientar suas decisões de negócios por meio de análises quantitativas — abordagens que hoje agrupamos sob o termo "analítica". Ele gosta de escrever sobre essas técnicas e, em particular, como executá-las usando o aplicativo de análise numérica mais popular do mundo, o Microsoft Excel.

Prefácio

Há neste livro inúmeros temas que desejo que você conheça de antemão. Mas, se já estiver familiarizado com a terminologia e conceitos como amostragem Hamiltoniana de Monte Carlo, pares conjugados e distribuições a posteriori, então este livro provavelmente não é para você. Você já sabe muito sobre esses tópicos e, se precisar de mais, sabe onde encontrar.

Por outro lado, se você não se sentir à vontade com o propósito de amostras aleatórias, a interface de usuário do R e por que você pode querer trabalhar com valores corrigidos pela média em vez de valores brutos, então é possível que este livro ofereça algo que lhe interesse. Tanto este livro quanto eu presumimos que você tenha alguma experiência em análise estatística — digamos, no nível introdutório da faculdade, onde você pode esperar estudar um pouco da teoria da probabilidade e como ela se aplica à avaliação de médias, variâncias e correlações amostrais. Especialmente se você estudou esses problemas no passado, estará em melhor posição para entender como a análise Bayesiana difere das abordagens tradicionais e como ela funciona no contexto das funções e pacotes encontrados em R. E se você sentir que precisa de algum trabalho de atualização na análise estatística tradicional, a Editora está disponibilizando para download um e-book intitulado *Statistical Analysis: Microsoft Excel 2016* [sem publicação no Brasil]. Você encontrará detalhes sobre como obter esse livro no final deste Prefácio [conteúdo em inglês].

Você é experiente. Provavelmente sabe algo sobre o conhecimento prévio da análise Bayesiana que eu tinha em mente quando expus os tópicos que gostaria que este livro abordasse. Pareceu-me que o mundo já tinha muitos livros sobre estatística e metodologia experimental: mais um não vai adiantar muito. Algo semelhante pode ser dito sobre o uso de sintaxe e dicção que R reconhece: já temos tantos textos elementares a intermediários em R quanto precisamos.

O que realmente precisávamos, pensei, era uma fonte de informação que conectasse os recursos simplistas do VBA (a linguagem de programação historicamente oferecida pelo Microsoft Excel para dar ao usuário mais controle sobre o aplicativo) com os recursos mais sofisticados de linguagens de programação como R e C.

Da mesma forma, estávamos perdendo informações sobre três tipos básicos de amostragem que vão desde o tipo simplista e univariado de análise categórica que você encontra em textos de graduação até os complexos métodos de amostragem usados por técnicas como aproximação quadrática e Monte Carlo via Cadeias de Markov [em inglês, *Markov Chain Monte Carlo* — MCMC]. Richard McElreath escreveu e forneceu ao R funções auxiliares que facilitam a tarefa de projetar, escrever e instalar o código que faz o trabalho pesado para você.

Fiz o que pude neste livro para alavancar as habilidades do Excel que você já desenvolveu nas áreas de gerenciamento de funções, manuseio de dados e design de gráficos e plotagens. Chegará ao ponto em que você verá que o Excel também lida com as ferramentas necessárias de cálculo na forma de argumentos de função — embora de forma mais lenta e desajeitada. Logo depois, você verá como as três abordagens fundamentais para construir distribuições a posteriori por amostragem são, de fato, soluções maravilhosamente criativas para o mesmo problema.

Agora, veremos como eu proponho nos levar até lá.

Capítulo 1: Análise Bayesiana e R: Uma Visão Geral

Quando abordei a Editora pela primeira vez para escrever este livro, saí das discussões um pouco desanimado. Os editores e seus conselheiros foram educados e muito bons em ouvir, mas não achei que recebi muito encorajamento. Em particular, eles queriam saber por que eu gostaria de escrever este livro.

Boa pergunta. Eu tinha vários motivos em mente, mas não era fácil articulá-los. Ainda assim, fiz isso e, aparentemente, fiz com sucesso porque, bem, veja o que você está segurando. E essas razões faziam sentido como um ponto de partida, mas vou me limitar às duas primeiras que me ocorreram:

- Por que você gostaria de lê-lo? Existem vários motivos, mas se você for como a maioria de nós, usará o Microsoft Excel para a maioria das finalidades numéricas, embora o Excel tenha sido projetado como um mecanismo de cálculo de uso geral. Você pode ter ficado longe da análise Bayesiana porque ouviu que o Excel é comparativamente lento. E você está certo: tanto por problemas de software quanto de hardware, houve um tempo em que você teve que esperar e esperar por uma solução para o problema que você apresentava ao software Bayesiano. Não mais. Agora você pode obter uma resposta em um período de tempo razoável e sem fazer suposições com as quais não se sinta confortável.
- As pessoas com quem trabalho estavam usando palavras familiares de maneiras desconhecidas; termos como *a priori*, *verossimilhança* e *parâmetro* em contextos que não pareciam se encaixar. Eu queria saber mais sobre o que elas estavam dizendo. Mas eu precisava de um ponto de partida e, como estava bastante familiarizado com os recursos numéricos do Excel, decidi trabalhar a partir da plataforma do Excel e em direção a uma plataforma baseada em R. É verdade que o Excel é comparativamente lento e não possui muitas funções que você gostaria de ter em uma plataforma orientada à Bayesiana. Mas, para certos problemas, o Excel funciona muito bem e retorna resultados precisos em um curto espaço de tempo. Bem; podemos trabalhar a partir daí.

É sobre isso que se trata o Capítulo 1. Sigamos em frente.

Capítulo 2: Gerando Distribuições A Posteriori com a Distribuição Binomial

A ideia básica por trás de uma análise Bayesiana é criar uma distribuição a posteriori que informe sobre os parâmetros que trazem os resultados da simulação. Você não deseja iniciar uma sequência com uma família de distribuições e depois tentar terminar a sequência em outra família; portanto, você deve buscar uma situação em que a priori e a verossimilhança sejam da mesma família.

Isso, é claro, implica que você selecione a família distributiva da qual o produto se originará. Você tem várias famílias para escolher, mas sua escolha dependerá quase inevitavelmente das perguntas específicas que deseja responder, que, por sua vez, dependem da natureza dos dados que deseja analisar.

Uma família básica de distribuições é a distribuição binomial. O próprio termo *binomial* implica a natureza de uma distribuição binomial: dois nomes, como vitória e derrota, compra e não compra, sobrevive e não sobrevive, e assim por diante. Considere sua experiência de vida com moedas. Você quase certamente espera que, quando tira uma moeda ao acaso do bolso e a lança, a probabilidade é de 50% de que dê cara e de 50% de que dê coroa. Essa é uma distribuição binomial: dois nomes, dois desfechos, dois resultados.

A característica distintiva de uma distribuição binomial é que seus valores são discretos em vez de contínuos. Quando você joga a moeda, não antecipa que o lançamento pode resultar em um número infinito de resultados. Você antecipa dois e apenas dois resultados, cara e coroa.

Esta pode ser uma situação muito diferente da altura ou peso de uma pessoa. Assim, cada medição é apenas uma de um número *infinito* de alturas ou pesos possíveis. A distribuição beta, discutida no Capítulo 3, é um exemplo de distribuição contínua distinta de uma distribuição discreta, como a binomial. Ao configurar sua análise usando R, por exemplo, você pode especificar que um determinado parâmetro deve ser distribuído como binomial ou qualquer uma das famílias distributivas de R. Essa flexibilidade é uma característica que torna a estrutura de R e seu projeto tão úteis na análise Bayesiana.

Aqui está um bom ponto para enfatizar que é importante especificar as características distributivas dos parâmetros que você usa em uma análise, mas não deixe que eles o ceguem para outros aspectos — aspectos que você poderia muito bem ignorar se preterisse as boas razões para adicionar Bayes ao seu kit de ferramentas.

É muito fácil esquecer que uma das principais suposições subjacentes a um teste binomial é que quaisquer dois testes em seu experimento são independentes um do outro. Suponha que você esteja estudando a distribuição de membros de partidos políticos; uma das perguntas que você faz é, portanto, a qual partido, se houver, um respondente pertence.

Para fazer uma inferência válida sobre a probabilidade da resposta de um participante, você deve ter certeza de que a resposta é independente de qualquer outra resposta em sua pesquisa. Portanto, o valor da resposta de George não deve ser afetado pelo valor da resposta de Ellen. Se for esse o caso, você pode adicionar e subtrair subtotais diretamente (por exemplo, para derivar totais cumulativos) sem ter que ajustar alguma dependência provavelmente desconhecida nos dados.

O Capítulo 3 discute esse tipo de preocupação com mais detalhes.

Capítulo 3: Entendendo a Distribuição Beta

A principal diferença entre a distribuição binomial e a distribuição beta é o grau de granularidade com que as variáveis são medidas. Ambas as distribuições mostram como as variáveis numéricas são distribuídas em um intervalo de valores, da mesma forma que a curva normal mostra como uma variável y é distribuída em um intervalo de valores x.

Mas uma variável que segue uma distribuição beta o faz de maneira contínua e não interrompida. As caras e coroas deixadas pelo lançamento da moeda seguem um padrão binomial. Ordenados por seus valores reais (cara, coroa em uma moeda; 1, 2, 3,..., 6 em um dado), os valores que você vê não são distribuídos continuamente, mas discretamente. Não agimos como se um terço de uma cara fosse um valor legítimo para jogar uma moeda, assim como não fazemos com que 2 1/2 seja um valor legítimo para o lançamento de um dado.

Mas ambos os valores seriam legítimos se a variável, em vez de ser o lançamento de uma moeda ou de um dado, fosse o peso ou a altura de uma planta. Peso e altura são variáveis legitimamente contínuas e cada uma pode assumir um número infinito de valores. Essa é a distinção entre as distribuições: se uma distribuição pode assumir qualquer número de valores numéricos, é uma beta, enquanto uma distribuição binomial é limitada tipicamente a um número muito menor de valores, como 2 para um cara ou coroa, 11 para uma jogada de dados, e 2 se um item for considerado defeituoso ou aceitável em um contexto de controle de qualidade.

Tanto o R quanto o Excel têm funções usadas para explorar e manipular as distribuições binomial *e* beta. É útil ter em mente que há momentos em que é mais conveniente e tão rápido usar Excel e VBA para gerar distribuições de frequência quanto usar o R. O Capítulo 4 tem mais a dizer sobre esse assunto.

Tenha em mente que as abordagens Bayesiana e frequentista geralmente retornam resultados muito próximos entre si (devido a erros de arredondamento induzidos por quase todas as aplicações de cálculo) ou mesmo idênticos.

Capítulo 4: Aproximação de Grade e a Distribuição Beta

Neste ponto, a discussão tem se centrado nas distribuições de frequência, tanto discretas (binomial) quanto contínuas (beta). Ela passa agora para o uso de técnicas de aproximação com distribuições de frequência.

Os métodos Bayesianos dependem de aproximações de distribuições. Podemos, literalmente por decreto, dizer que existe uma distribuição de frequência que é definida por sua localização (sua média) e sua dispersão (variância ou desvio padrão). Podemos passar esses atributos — a média e a variância — para um software que, com velocidade e eficiência adequadas, construa a distribuição que buscamos, com a localização e a dispersão necessárias.

O VBA pode fazer isso. Podemos usar o VBA para estruturar uma matriz de valores que, quando preenchida com valores suficientes, parece e comporta-se como uma distribuição beta ou uma distribuição binomial ou uma distribuição normal ou qualquer outra distribuição reconhecível de dados. Então, como o VBA adquiriu a reputação de código lento e desajeitado?

Uma parte importante da resposta é que o VBA é compilado apenas parcialmente no tempo de execução. É uma linguagem interpretada, o que significa que o mesmo código deve ser compilado repetidamente, novamente tornando as coisas mais lentas. Além disso, o VBA não é otimizado para gerenciamento de arrays; linguagens mais recentes, como o Python, gerenciam arrays com muito mais eficiência, convertendo arrays de várias linhas e várias colunas em vetores de uma única linha, o que alguns insistem que acelera drasticamente o processamento.

Este capítulo demonstra como uma distribuição a posteriori muda em resposta ao ato de modificar a verossimilhança. É um local útil para fornecer essa demonstração porque mostra como a técnica de aproximação de grade resulta em modificações simples na estrutura da distribuição de frequência — e a justificativa para denominá-la uma aproximação de grade.

Capítulo 5: Aproximação de Grade com Parâmetros Múltiplos

Questões como a velocidade com que o hardware executa instruções, a eficiência com que o código preenche uma distribuição com dados simulados, se o computador em uso é uma máquina vetorial e outras considerações são inquestionavelmente importantes para a velocidade com que uma análise é executada. Mas, geralmente, uma questão mais importante é o número de parâmetros e quantis com os quais você pede que a análise lide.

Quando você espera analisar apenas um parâmetro, mesmo que tenha até sete ou oito níveis significativos, pode forçar as verossimilhanças por meio de uma análise Bayesiana e ter muito tempo de sobra. Pode parecer óbvio, mas assim que você adiciona um parâmetro ao design, não está apenas adicionando, mas multiplicando as células do design.

Comece com seis níveis de um parâmetro, que até o código BASIC poderia analisar antes de você terminar seu café. Agora adicione outro parâmetro que tenha cinco níveis, e você não está simulando contagens de registro para apenas 6 + 5 = 11, mas 6 * 5 = 30 células de design. Talvez você nunca precise colocar um registro simulado em uma dessas células de parâmetros múltiplos, dependendo de questões como tamanho do desvio padrão, mas seu código de aproximação de grade precisará atender a cada um deles, quando uma aproximação quadrática ou um Monte Carlo via Cadeias Markov poderia passar voando por eles.

O Capítulo 5 lhe dará uma noção de quanto tempo é gasto de forma desnecessária lidando com células de design apenas porque a aproximação de grade exige que elas estejam lá.

Capítulo 6: Regressão Usando Métodos Bayesianos

A maioria está familiarizada com a abordagem de regressão para resolver problemas apresentados no contexto do modelo linear geral. Estamos familiarizados, até mesmo à vontade, com uma ou duas páginas impressas que incluem números como:

- Coeficientes de correlação tradicionais e constantes de regressão
- Resumos de regressão como R^2
- Estatísticas inferenciais, como razões F e erros padrão de estimativa

Este capítulo começa a unir conceitos e técnicas que nos capítulos anteriores permaneceram amplamente isolados uns dos outros. Em particular, as dificuldades impostas pelo método de aproximação de grade podem ser penosas, especialmente quando múltiplas variáveis preditoras estão envolvidas. Existem várias razões para isso, particularmente quando o experimentador deseja avaliar o efeito simultâneo de múltiplas variáveis. Se não se pode avaliar os efeitos combinados da água e da fertilização em uma plantação, é, pelo menos, difícil avaliar seus efeitos separados. Mas justamente quando o experimento se torna realmente interessante devido à adição de variáveis, a análise começa a gemer sob o peso dessa adição.

O Capítulo 6 começa a substituir o uso da aproximação de grade por uma função do R chamada `quap`, ou *aproximação quadrática*. A razão pela qual se gasta tanta tinta discutindo a aproximação de grade é que ela forma a base para técnicas mais sofisticadas, como acelerar a estruturação e o preenchimento de distribuições a posteriori, métodos mais rápidos de aproximar distribuições a posteriori do que a aproximação de grade. Além disso, a velocidade extra da aproximação quadrática nos permite usar múltiplas variáveis de previsão simultaneamente — e, sem essa capacidade, a aproximação de grade fica aquém.

Como a aproximação de grade, o `quap` aproxima a densidade da distribuição a posteriori dos parâmetros que queremos saber. Para fazer isso, o software usa uma função quadrática, então a chamamos de *aproximação quadrática*.

Capítulo 7: Manipulando Variáveis Nominais

Frequentemente, você terá uma variável cujos valores foram salvos como valores numéricos, mas que devem ser analisados como se os valores numéricos fossem de fato valores de texto. Este capítulo discute maneiras de tratá-los para que os valores de texto sejam gerenciados como se fossem de fato numéricos. A abordagem oposta, na qual os valores numéricos são tratados como se fossem texto, também existe. Codificação fictícia e variáveis de índice são discutidas aqui, assim como o uso da função `quap` para tornar a conversão mais direta.

Capítulo 8: Métodos de Amostragem MCMC

O capítulo final deste livro passa para uma técnica que por vários anos tem sido o padrão-ouro para amostragem Bayesiana: Monte Carlo via

Cadeias de Markov, ou MCMC. Outras abordagens mais antigas tendem a ficar presas em emaranhados específicos da distribuição a posteriori, muitas vezes por causa da autocorrelação incorporada à lógica de amostragem. Mas o MCMC consegue evitar essa armadilha e, simultaneamente, manter sua velocidade de execução.

Essa característica — manter a velocidade enquanto aumenta a complexidade do projeto — é o que permite ao MCMC simular grandes distribuições a posteriori sem desacelerar em demasia. Por sua vez, isso o posiciona para codificar variáveis preditivas de modo que elas se comportem da melhor maneira possível tanto para variáveis contínuas quanto para variáveis discretas, e de maneiras que facilitem sua interpretação quando chegar a hora de avaliar os resultados.

Quem São Esses Caras?

Agora mesmo você deve estar se perguntando: "Por que eu deveria ler isso? Que tipo de análise estatística o autor está promovendo, Bayesiana ou frequentista?" O melhor que posso fazer para responder a essas perguntas é contar um pouco sobre minha formação e experiência.

Fiz meu primeiro curso de análise estatística em uma pequena e conceituada faculdade de artes liberais no Centro-Oeste dos EUA. Foi uma experiência miserável, provavelmente por ter sido ensinado fora do departamento de psicologia. Ainda tenho o livro didático que foi usado naquele curso e, na moda da época (isso foi na década de 1970), dizia a seus leitores o que fazer com um monte de números e quase nada sobre por que fazia sentido fazer aquilo.

No entanto, terminei aquele curso de estatística e fiz mais alguns para garantir. Eram um pouco melhores do que aquele que fiz no departamento de psicologia. Depois da minha graduação, matriculei-me na pós-graduação, onde comecei a ter aulas com um professor com quem eu sabia que queria estudar. Ele era frequentista e foi o primeiro autor de um texto de estatística básica que inovou a área: explicou ao leitor *por que* era desejável incluir certos cálculos em uma determinada análise estatística.

Seu livro, bem como suas aulas, enfatizava a lógica para os tipos de análise que eram *de rigueur* (obrigatórios) durante o final dos anos 1970. Você acompanhava experimentos cuidadosamente planejados com testes de significância estatística. Usava testes t (Gossett) para calcular essa significância estatística com dois grupos. Usava a análise de variância (Fisher) para calcular essa significância estatística com mais de dois grupos. Usava o coeficiente de correlação produto-momento (Pearson) para medir a força da relação entre duas variáveis de razão. Usava análise fatorial e análise multivariada de variância (Green; Wilks) para reduzir uma sobrecarga de dados a poucos fatores gerenciáveis e para testar diferenças entre grupos medidos em mais de uma variável de resultado. Usava comparações múltiplas (Tukey) para identificar a localização de diferenças estatisticamente significativas entre as médias dos grupos.

Essas técnicas pertencem ao kit de ferramentas frequentista. Usei cada uma delas, em combinação com uma técnica ad hoc chamada suavização exponencial, em uma grande empresa de telecomunicações durante a década de 1980. Conseguimos reduzir um estoque de revenda inchado de mais de US$14 milhões para menos de US$7 milhões em menos de um ano, sem baixas contábeis. (Isso foi na época em que US$14 milhões era muito dinheiro.)

Portanto, tenho todos os motivos possíveis em minha formação educacional e profissional para agradecer as ferramentas que a estatística frequentista me ofereceu. E eu sou grato. Mas...

Começo a me sentir desconfortável toda vez que leio sobre uma descoberta do Reprodutibility Project que contradiz a descoberta de outro estudo publicado. Isso pode acontecer, e acontece, por motivos que vão desde a especificação incorreta de um projeto para tratar um fator aleatório como fixo, até algo tão comum quanto o p-hacking.

Preocupo-me quando descubro que alguém aplicou a correção de Welch ou algo semelhante em uma situação em que os tamanhos das amostras são desiguais, assim como as variações populacionais: o problema de Behrens-Fisher. Há algo de errado com uma abordagem científica que permite que tal problema exista por tanto tempo sem uma solução satisfatória.

A análise de variância (ANOVA) tem como objetivo principal determinar se quaisquer duas médias populacionais são iguais em um experimento que consiste em, pelo menos, três grupos. Existem, pelo menos, seis procedimentos distintos, chamados coletivamente de *comparações múltiplas*, destinados a identificar quais grupos são responsáveis por um resultado ANOVA significativo. Um deles requer uma diferença de pontuação padronizada de 7,5 para que duas médias sejam consideradas significativamente diferentes no nível 0,05, e outro requer uma diferença de 15. É verdade que nossa escolha de procedimento de comparação múltipla difere de acordo com a situação em que os dados foram coletados e dadas as inferências que queremos fazer. Ainda assim, devemos ser capazes de encontrar métodos que concordam mais de perto do que o Scheffé e os contrastes ortogonais planejados.

Depois, há a multicolinearidade, um problema que surge na análise de regressão. Ela pode apresentar outros problemas para a análise estatística, e eu os abordarei brevemente no Capítulo 6. Há muitos outros problemas semelhantes, garanto a você. Alguns são resolvidos recorrendo a métodos Bayesianos, e outros simplesmente não são. O que quero dizer é que não tenho nenhuma razão especial para preferir os métodos frequentistas aos Bayesianos ou vice-versa. Tentei neste livro evitar qualquer preconceito em relação aos métodos frequentistas e espero e acho que consegui.

Onde Encontrar

Suspeito que você seja alguém que usa o aplicativo R com algum nível de experiência. Assim, suponho que você provavelmente tenha instalado o software R em seu computador, seguindo as instruções fornecidas pelo site do CRAN (cran.r-project.org). Ao fazer isso, um pouco de código padrão e funções simples e diretas, como `max` e `read.csv`, são instalados automaticamente em seu computador.

Outros códigos assumem a forma de *pacotes*, e aqui não há nada de automático na instalação. Se você deseja instalar um pacote, e quase certamente o fará, o procedimento padrão é identificar um site espelho na lista suspensa que aparece quando você seleciona o item *Set CRAN mirror* no menu *Packages* do R. Depois de identificar um site espelho, você pode selecionar um dos cerca de 15 mil pacotes que o CRAN oferece em uma lista suspensa.

Mesmo que os pacotes sejam apresentados em ordem alfabética, selecionar um dos 15 mil é mais do que a maioria dos usuários espera fazer. Portanto, você ficará feliz em saber que não precisa passar por esse processo tedioso mais de uma vez para instalar o código discutido neste livro.

NOTA

> O aplicativo R, sem nenhuma assistência especial, reconhece a maior parte do código discutido neste livro. Existem algumas funções (notadamente, `quap` e `ulam`) que requerem a instalação de um pacote chamado *rethinking*. Você não usa o menu *Packages* do R para instalar o *rethinking*. Consulte o Apêndice A para obter instruções detalhadas sobre a instalação do pacote *rethinking* em uma máquina Windows.

E, por falar em plataformas, no momento em que estou escrevendo este livro, nenhuma provisão foi feita para instalar o *rethinking* em um Mac. Por enquanto, pelo que sabemos, não existe uma versão de *rethinking* compatível com ele.

Neste ponto, você deve estar pronto para continuar. O Capítulo 1, "Análise Bayesiana e R: Uma Visão Geral", está chegando.

Material Bônus

Para acessar as planilhas disponíveis para download e o PDF do livro *Statistical Analysis: Microsoft Excel 2016* [Conteúdo em inglês], por favor:

1. Acesse o site: informit.com/register.
2. Clique em "Sign Up" para criar uma conta.
3. Insira o ISBN: 9780137580989.
4. Responda à pergunta do desafio de compra.
5. Clique no link "Access Bonus Content" na seção Registered Products da página da sua conta para ser direcionado à página onde seu conteúdo para download está disponível.

Lembre-se de que os materiais disponibilizados estão em inglês. Os materiais para download também estão disponíveis no site da editora, basta buscar pelo ISBN ou nome do livro. A resposta para a pergunta do desafio de compra é uma palavra (em inglês) da legenda de uma das figuras da obra original. Seguem as legendas:

Figura 1.1 - Mass represents an area. Density represents a distance.

Figura 1.2 - This curve has one mass: the entire region below the curve.

Figura 1.3 - The densities represent the relative probabilities well, but they are uninformative about any probability masses that might be of interest.

Figura 1.4 - This distribution is drawn using the beta function.

Figura 1.5 - This distribution is drawn using the binom function.

Figura 2.1 - Ten flips of a fair coin don't necessarily result in five heads and five tails.

Figura 2.2 - BINOM.DIST's fourth, cumulative argument is not optional but required.

Figura 2.3 - The cumulative probabilities are more useful when they're charted.

Figura 2.4 - The result of R's qbinom function is interpreted by Excel documentation as the smallest value larger than a criterion. Here the criterion could be the maximum number of defects in a sample before the entire lot is rejected.

Análise Bayesiana e R: Uma Visão Geral

1

NESTE CAPÍTULO

Quando comecei a ler o que algumas pessoas tinham a dizer sobre a análise Bayesiana — e o que outras pessoas tinham a dizer sobre a inferência estatística tradicional —, não pude deixar de lembrar o que Will Rogers tinha a dizer sobre política partidária: "Não sou membro de qualquer partido político organizado. Eu sou um Democrata."

Certamente, aqueles a favor da abordagem Bayesiana podem reunir alguns argumentos sólidos em seu próprio nome, assim como seus equivalentes, os *frequentistas*. E, no entanto, o estatístico Sir Ronald Fisher, que é considerado o principal frequentista, escreveu intemperantemente que a teoria Bayesiana "... é baseada em um erro e deve ser rejeitada."

NOTA

> Os escritores geralmente se referem àqueles que usam e aplaudem as técnicas Bayesianas como *Bayesianos*, e àqueles que desenvolveram e apoiaram técnicas como Fisher (ANOVA), Gossett (testes t) e Pearson (o coeficiente de correlação de Pearson) como *frequentistas*. Seguirei essa abordagem neste livro.

O estranho é que muitos padrões de pensamento e das técnicas de análise que hoje consideramos frequentistas estão enraizados na teoria Bayesiana. Há cerca de quinhentos anos, os apostadores buscavam uma vantagem nos cassinos usando métodos que hoje tendemos a pensar mais como Bayesianos do que frequentistas. Por volta de 1900, as técnicas que enfatizavam as diferenças entre as médias, o uso de desvios padrão, correlações e escores-z ganhavam destaque.

Bayes Está de Volta

Então, no final do século XX, os métodos Bayesianos voltaram. As melhorias na teoria Bayesiana ajudaram, mas o que realmente mudou as coisas foi o desenvolvimento do poder de computação relativamente barato no desktop. As técnicas Bayesianas que são necessárias incluem a montagem de distribuições de frequência que mostram o número de pessoas (ou papa-figos, ou conversores catalíticos) que possuem uma determinada característica (como níveis específicos de colesterol, penas cor-de-rosa ou custos de mercadorias vendidas).

Projetar e estruturar essas distribuições de frequência leva tempo — tanto decorrido quanto dentro do computador — mas são essenciais caso queira fazer comparações entre amostras e populações teóricas. Essa é apenas uma maneira pela qual as análises frequentista e Bayesiana compartilham estratégias. A análise de variância frequentista, por exemplo, requer que você imagine uma população distribuída de acordo com as suposições feitas pela hipótese nula — e imaginar tais distribuições leva apenas um ou dois momentos.

Bayesianos compartilham essa estratégia, mas apenas até certo ponto. As análises Bayesianas pedem que você não apenas imagine as distribuições, mas também as construa, de modo que possa contar o número de casos que são do sexo masculino, registraram-se como democratas, cuja renda anual é de US$70 mil, são casados, vivem no Oregon, nunca testaram positivo para Covid-19 — você entendeu. No momento em que você tiver contabilizado o percentual da população de interesse que ocupa as interseções de interesse (por exemplo, sexo por partido político, por renda, por estado civil, por estado de residência, por status de pandemia), você já terá que fazer um orçamento para milhares de células de design na distribuição de probabilidade conjunta (uma célula para democratas do sexo masculino que são solteiros e ganham entre US$25 mil e US$30 mil, que vivem no Missouri e nunca foram expostos à Covid, outra célula para democratas do sexo feminino que... novamente, você entendeu).

Isso não é grande coisa quando você está interessado em estudar apenas algumas variáveis — digamos, sexo e preferência política. Dependendo de como você define suas variáveis, pode ter apenas seis células na distribuição conjunta: dois sexos em três partidos políticos. Mas se você construirá uma simulação completa, com todas as variáveis que podem impactar racionalmente uma preferência política, você precisa levar em conta cada interseção de cada variável no projeto. E fazer isso em um período de tempo razoável requer estratégias de codificação e velocidades de chip que simplesmente não estavam disponíveis antes, digamos, da década de 1990.

Linguagens de codificação como R ajudam muito, embora você possa auxiliá-las colocando chips mais rápidos para trabalhar no seu computador. E para alguns problemas univariados, as abordagens mais simples funcionam muito bem: quando há apenas algumas células de design para preencher, você pode concluir a simulação rapidamente. Este livro descreve um desses métodos mais simples, a *aproximação de grade*, em seus primeiros capítulos, particularmente o Capítulo 4, "Aproximação de Grade e a Distribuição Beta". A ideia não é vender a aproximação de grade como um meio de gerar uma distribuição de frequência, mas sim apresentá-lo a algumas das ideias e estratégias subjacentes à análise Bayesiana.

Outra abordagem, um pouco mais sofisticada, chamada de *aproximação quadrática* é projetada para lidar com simulações mais complexas. Você encontrará uma discussão mais detalhada sobre a abordagem Bayesiana para análise de regressão no Capítulo 6, "Regressão Usando Métodos Bayesianos", que se baseia fortemente na simulação por meio de aproximação quadrática em vez de aproximação de grade. Quando o projeto da análise for complicado, você descobrirá que aproximar uma distribuição a posteriori por meio da aproximação quadrática é significativamente mais rápido do que a aproximação de grade. (A razão para o termo *quadrática* também está no Capítulo 6.) A aproximação quadrática tende a resultar em distribuições a posteriori que são quase Gaussianas em forma. Isso é ótimo se você estiver estudando variáveis que tendem a se moldar em curvas normais quando plotadas. Acontece que a maioria das coisas com as quais nos importamos, que medimos e contamos, são distribuídas exatamente dessa maneira.

NOTA

> Uma distribuição a posteriori ocorre quando você combina uma distribuição a priori com uma "verossimilhança" ou "os dados."

Ainda um terceiro método de derivar uma distribuição a posteriori é Monte Carlo via Cadeia de Markov – MCMC, que não se limita a projetos pequenos, como é a aproximação de grade, nem é o MCMC tão insistentemente normal em suas a posteriori como são as distribuições quadráticas. O capítulo final deste livro examina a função `ulam` R, que, com um pouco de preparação de sua parte, cria um código na linguagem de R que permite que o código *RStan* de R realize a amostragem e retorne a você as descobertas a posteriori que você está buscando.

A questão permanece: "Por que se preocupar?" Se ainda estamos na terceira década do século XXI, provavelmente você já estudou como saber se a diferença entre duas ou mais médias amostrais é confiável. Você sabe do que se trata a regressão múltipla, por que os desvios padrão e as variâncias são importantes e como gerenciar a regressão quando a variável dependente conta ocorrências em vez de comparar médias. As abordagens Bayesiana e frequentista geralmente retornam os mesmos resultados. Por que você deveria se preocupar com aproximações e simulações de Monte Carlo quando já tem as ferramentas necessárias à mão? Basta clicar no botão Análise de Dados na guia Dados do Excel.

Bem, parte do motivo é que alguns conjuntos de dados simplesmente não obedecem a algumas técnicas de análise. Um bom exemplo é o problema da multicolinearidade. Isso ocorre, por exemplo, na análise de regressão múltipla, quando duas ou mais variáveis preditoras estão perfeitamente correlacionadas umas com as outras, ou quase isso. Então as técnicas de álgebra de matrizes, que foram amplamente utilizadas por anos, falharam porque certas matrizes não podiam ser invertidas. O resultado foi que você obteria absurdos, como valores de R^2 negativos.

Assim, os desenvolvedores de software praticamente abandonaram essa abordagem de regressão múltipla em favor de uma técnica denominada *decomposição QR*. Isso ajudou um pouco, mas não o suficiente, porque a resolução do problema dependia de definir artificialmente o coeficiente de uma ou mais variáveis preditoras para o valor constante de zero. Ou você poderia simplesmente jogar as mãos para o ar e desistir.

A abordagem Bayesiana permite que você supere esse obstáculo porque ela não depende da álgebra matricial para calcular sua solução. Mas esse obstáculo não ocorre com tanta frequência, portanto, por si só, é um motivo ruim para descartar a regressão de mínimos quadrados. Uma lógica muito mais sólida é que as abordagens frequentistas requerem que você *imagine* a aparência das distribuições populacionais das quais as amostras são retiradas. É concebível que você termine com amostras normalmente distribuídas, mas retiradas de populações altamente distorcidas.

Em contraste, as abordagens Bayesianas não pedem que você imagine a forma das distribuições populacionais, mas que você construa essas distribuições por meio de métodos de amostragem sofisticados.

Agora, com ferramentas como o MCMC na área de trabalho, há poucos motivos para *não* executar uma análise frequentista e Bayesiana nos mesmos conjuntos de dados. Se você fizer isso, obterá os benefícios de abordagens radicalmente diferentes para resolver os problemas de comparação de médias, avaliação de variações e avaliação de correlações. Você obtém os benefícios da confirmação sem ter que esperar para sempre que o software extraia amostras sensatas.

Mas admito que o motivo pessoal mais convincente que encontrei para adotar as técnicas Bayesianas resulta de uma conversa telefônica que tive com um consultor. O tópico da Análise de Covariância surgiu e ele apontou que as escolas de pós-graduação não estavam mais ensinando ANCOVA — todas estavam ensinando modelagem multinível. Você não precisa me bater na cabeça com uma marreta.

Sobre Estruturar A Priori

Uma das dificuldades envolvidas com a análise Bayesiana, seja em R ou em qualquer outro ambiente, é a amostragem a partir de a posteriori — depois que você o projetou e o preencheu — mas também a partir de a priori grandes, fortes e complexos. (Vou me aprofundar nas distinções entre distribuições a priori, de verossimilhança e a posteriori nos Capítulos 2 e 3.) Vários algoritmos para direcionar as entradas de amostragem foram desenvolvidos, todos com pontos fortes e defeitos específicos. Seus pontos fortes são geralmente claros, mas seus defeitos podem ser bastante sutis. Um deles é a autocorrelação, que tende a deixar o algoritmo de amostragem preso em um canto específico do espaço de amostragem — uma desvantagem da aproximação quadrática. A maioria são derivações de métodos mais antigos (mas longe de serem inferiores), como a amostragem Metropolis, e seus nomes abreviados sugerem isso; por exemplo, o amostrador Gibbs deu origem a BUGS (Bayes Usando Amostragem de Gibbs [em inglês, *Bayes Using Gibbs Sampling*]) e JAGS (Apenas Outro Amostrador de Gibbs [em inglês, *Just Another Gibbs Sampler*]).

O campo está mudando tão rapidamente que não pretendo entrar em todos os detalhes e diferenças entre os amostradores. No momento, o método mais confiável e rápido é o Monte Carlo Hamiltoniano [em inglês, *Hamiltonian Monte Carlo* — HMC), e deixaremos `ulam` (uma função R que ajuda a estruturar as amostras do HMC) fazer seu trabalho otimizando as entradas para que o melhor método de amostragem disponível seja escolhido.

Observando o Jargão

Quando comecei a ler sobre a análise Bayesiana, fiquei desconcertado ao descobrir que as fontes escritas usavam alguns termos como se todos soubessem o que significavam. Mas eu *não* sabia. Talvez tenha sido apenas minha educação incansavelmente frequentista. (Mais provavelmente, eu não trouxe o grau de disciplina que deveria ter para o meu aprendizado.) Mas, seja qual for o motivo, enrolei-me até encontrar um texto que, em termos diretos, explicasse a distinção entre *densidade de probabilidade* e *massa de probabilidade* (ou apenas *densidade* e *massa*). Os autores dos outros textos aparentemente assumiram que seus leitores já entendiam a distinção, ou que seu significado era perfeitamente óbvio.

De qualquer forma, prometi a mim mesmo que, se tivesse a chance de explicar esses termos de antemão, o faria. E acontece que eles não são tão misteriosos quanto poderiam ser. A Figura 1.1 mostra um exemplo; um que será familiar para qualquer pessoa com mais do que um conhecimento superficial das estatísticas tradicionais.

Figura 1.1
A massa representa uma área. A densidade representa uma distância.

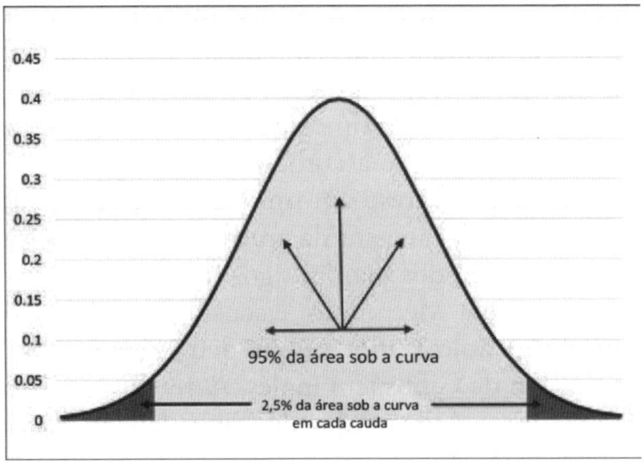

A Figura 1.1 ilustra duas maneiras diferentes de conceituar a quantidade de área sob a curva. Cada uma das setas horizontais aponta para uma cunha que está em uma extremidade da curva. Juntas, as cunhas representam 5% da área da curva. Entre as duas cunhas, e estendendo-se desde a linha de base da curva, ficam os 95% restantes da área da curva.

A probabilidade é de 95% de que um item selecionado aleatoriamente ocupe uma parte da área entre as duas cunhas. Essa área é chamada de *massa*. R tem funções como `dbeta` e `dbinom` que tornam rápido e razoavelmente fácil montar e analisar distribuições com base em dados contínuos (por exemplo, altura) e discretos (por exemplo, dados).

Agora dê uma olhada na Figura 1.2.

Os dados subjacentes são diferentes da Figura 1.1, mas o ponto importante é que ambas as figuras ilustram medições de massa. A Figura 1.1 tem três áreas com massa: 2,5%, 95% e 2,5%; A Figura 1.2 apresenta uma massa, respondendo por 100% da distribuição. Um gráfico com diferentes dados subjacentes, como um histograma com várias colunas de tamanhos diferentes, pode ter várias medições de massa, uma para cada coluna.

Figura 1.2
Esta curva tem uma massa: toda a região abaixo da curva.

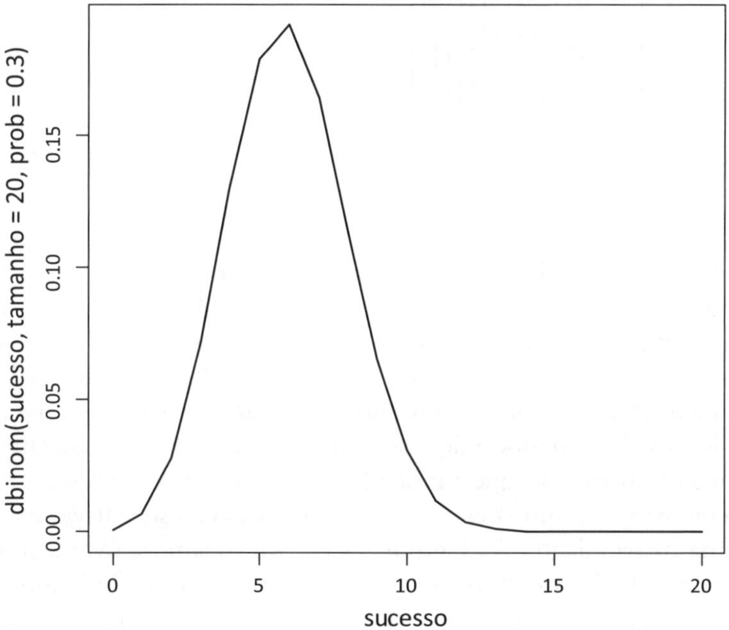

Mas na Figura 1.3, embora existam 26 pontos de dados individuais, a probabilidade de ocorrência de qualquer ponto de dados individual não é inicialmente clara.

Figura 1.3
As densidades representam bem as probabilidades relativas, mas não são informativas sobre quaisquer massas de probabilidade que possam ser de interesse.

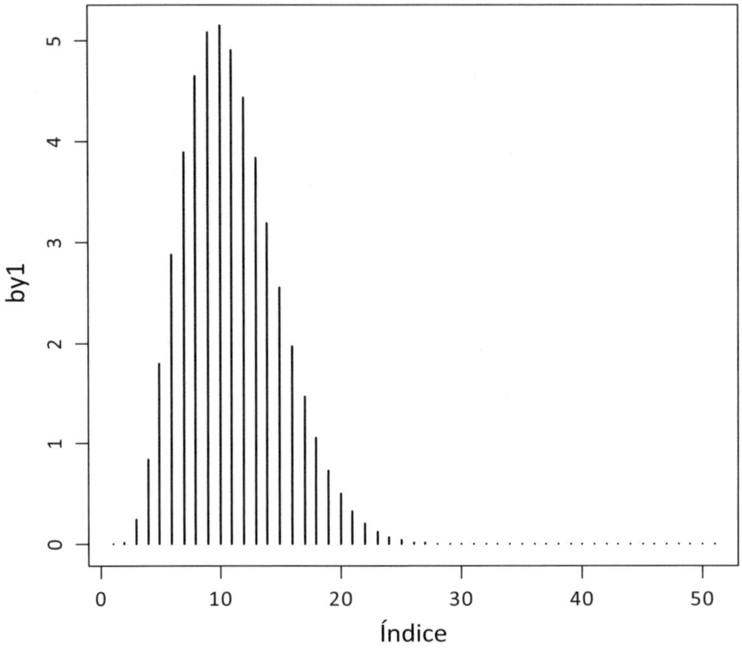

Não temos um valor que nos diga a largura de cada coluna e, consequentemente, não podemos determinar a área coberta por cada coluna. A análise Bayesiana geralmente se refere à Figura 1.3 como uma *distribuição de densidade.* A densidade geralmente informa a altura de cada coluna *em relação às alturas das outras colunas* e, por sua vez, isso pode ajudá-lo a explorar o modo de distribuição completo. (A moda em vez da mediana ou média, porque a moda frequentemente — nem sempre, mas frequentemente, como você verá — representará a estimativa máxima a priori na distribuição.) As Figuras 1.4 e 1.5 ilustram que você obtém os mesmos resultados de `dbeta` e `dbinom` quando as probabilidades são as mesmas, em que o segundo e o terceiro argumentos definem o alfa e o beta da função. Quanto mais valores x igualmente espaçados você tiver em uma distribuição binomial, mais próximo sua forma se configura a uma distribuição beta que tem as mesmas probabilidades. Existem 501 valores tanto na Figura 1.4 quanto na Figura 1.5, e é quase impossível distingui-los visualmente.

Figura 1.4
Esta distribuição é desenhada usando a função `beta`.

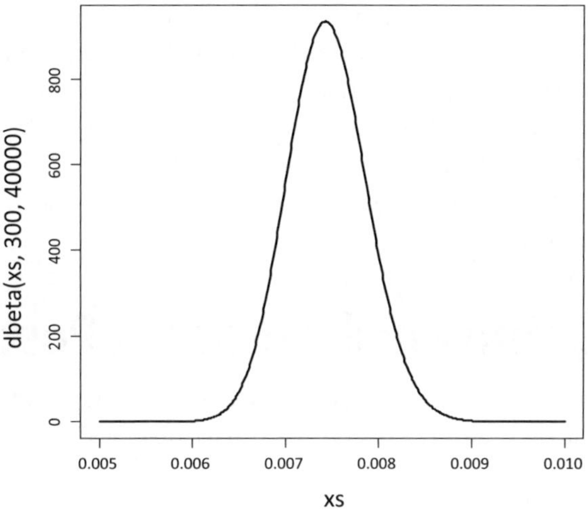

Figura 1.5
Esta distribuição é desenhada usando a função `binom`.

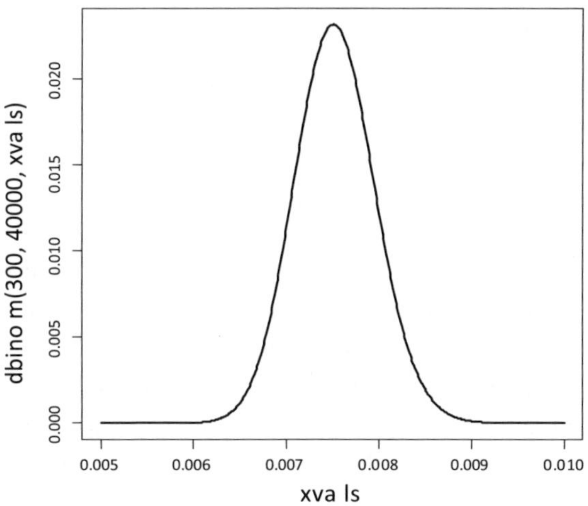

As funções de planilha análogas no Excel são `BINOM.DIST`, `BINOM.INV`, `BETA.DIST` e `BETA.INV`. Sugiro que você experimente as versões R e Excel para ver o efeito das probabilidades e formas nas distribuições. O código R de amostra para o gráfico binomial é o seguinte:

```
xvals <- seq (0.005,0.01,by=0.00001)
plot(x vals,dbinom(300,40000,xvals),type='l',lwd=3)
```

e para o gráfico beta, o código de exemplo é

```
xvals <- seq (0.005,0.01,by=0.00001
plot(xvals,dbeta(xvals,300,40000),type='l',lwd=3)
```

Você aprenderá mais sobre isso nos capítulos subsequentes, mas, por enquanto, lembre-se de que pode derivar a densidade relativa de cada valor de x mostrado em uma distribuição de densidade totalizando os valores de x e depois dividindo cada um por seu total. Esse processo é denominado *padronização* (ocasionalmente, *normalização*), e não é mais do que determinar a porcentagem da densidade total que é contabilizada por cada valor de x.

A Priori, Verossimilhanças e A Posteriori

A maioria das análises Bayesianas básicas, como as discutidas neste livro, manipulam dados encontrados em três distribuições:

- A distribuição a priori
- A verossimilhança
- A distribuição a posteriori

Como você verá, essas três distribuições seguem uma à outra, tanto logicamente quanto no relógio.

A Priori

Normalmente, você especifica o número de observações da distribuição a priori, sua média e variância. Você combina os dados a priori com os dados coletados da probabilidade e essa combinação determina a distribuição a posteriori. A distribuição a posteriori pode se tornar, então, a distribuição a priori para o próximo ciclo.

Você pode executar esse ciclo várias vezes. É útil lembrar que você não precisa fornecer dados brutos, caso a caso, para o software que realiza a análise. O R fornece funções que permitem especificar as estatísticas resumidas, como contagem, média e variação de qualquer iteração no processo.

Uma distribuição a priori (ou mais geralmente apenas *a priori*) é um conjunto de dados que surgiu por meio de procedimentos operacionais padrão que podem ou não ser de conhecimento geral. Por exemplo, uma empresa pode decidir determinar o tipo de sistema operacional em uso quando um cliente em potencial faz logon em seu site. Se houver três sistemas operacionais populares, o site da empresa pode decidir aumentar um determinado produto em 5%, outra parte em 10% e uma em 15%, dependendo do sistema operacional do usuário. Não seria necessariamente claro para você, ou para qualquer pessoa, que os preços de varejo da empresa estivessem sendo definidos dessa maneira.

Nesse caso, você ou qualquer pessoa pode estar totalmente justificada em supor que as diferenças no desempenho do produto têm tudo a ver com as forças do mercado e pouco ou nada a ver com o mercado ou gerenciamento de vendas. Mas se você conseguir obter informações geralmente aceitas sobre o desempenho dos produtos à luz de suas receitas, pode ser um bom lugar para começar com sua a priori.

A priori surge em diferentes formas. A aquisição dos dados a priori é normalmente seguida por outra aquisição de dados, usualmente denominada *verossimilhança*. Se uma a priori contém tanta informação que a adição de mais dados, na forma de uma probabilidade, fará pouca diferença na maneira como os dados são distribuídos, esse é uma a priori forte.

Se uma a priori contém relativamente poucos dados — isto é, em relação à quantidade de dados na probabilidade — ela é uma a priori fraca. Por exemplo, a priori forte geralmente contém tantos dados brutos que os dados subsequentes na forma de probabilidade são engolidos. Claro que o inverso pode ocorrer.

Tanto frequentistas quanto muitos Bayesianos se opuseram ferozmente à aparente subjetividade envolvida na especificação de a priori. Matemáticos e cientistas têm discordado, muitas vezes de forma contenciosa, sobre se é apropriado que um analista se envolva diretamente em sua especificação. Este livro não resolverá discussões entre, por exemplo, Laplace e Keynes. Mas você deve estar ciente de que os teóricos encontraram muito assunto aqui para discordar.

Outro aspecto de a priori a ter em mente é se uma a priori está na mesma família de distribuição que a distribuição a posteriori. Nesse caso, a priori é chamada de *conjugado a priori à verossimilhança*. É difícil completar o ciclo Bayesiano de eventos quando a a priori e o verossimilhante pertencem a diferentes famílias distributivas e a priori e a posteriori não são, portanto, conjugados.

A priori não informativa também tem um lugar nessa estrutura. Suponha que você se depare com um problema que não tem solução geralmente aceita. Você gostaria de estabelecer uma a priori antes de coletar dados sobre o problema, mas porque não há uma solução geralmente aceita, você quer evitar uma solução baseada em uma. A maneira usual de fazer isso é colocar uma constante 1 na a priori em todo o seu intervalo, e isso resulta em um gráfico de densidade da a priori que consiste apenas em uma linha reta. Você não pode projetar uma a priori mais fraca do que isso. Pode ser que a priori não esteja de acordo com a maneira como o mundo funciona e, na verdade, você acaba escolhendo um resultado à toa, quando é exatamente isso que deseja evitar.

É melhor ignorar alguns problemas.

A Verossimilhança

A segunda das três etapas conceituais padrão que você executa na realização de uma análise Bayesiana é mais frequentemente denominada *verossimilhança* ou *dados* (embora nenhum dos termos seja adequado ao termo *etapa*). A etapa de dados é realizada depois que a a priori foi definida e estruturada e, muito provavelmente, preenchida.

A justificativa para usar o termo *verossimilhança* nesse contexto é um pouco fraca, mas aqui está. Após o início da análise, quando a a priori foi especificada, você tem, pelo menos, duas possibilidades: que a priori seja verdadeira e que a priori seja falsa. A verossimilhança entra em questão quando você leva em consideração a a priori.

Suponha que a priori seja verdadeira. Então, há uma probabilidade de observar um resultado quando a priori é verdadeira, bem como uma probabilidade que se aplica quando a priori é falsa. É aqui que entra a noção de *verossimilhança*. Suponha que a priori considere que uma condição é verdadeira 90% das vezes. Então a probabilidade de que a segunda etapa seja verdadeira é chamada de *verossimilhança*.

Além disso, a priori também pode considerar que a condição é verdadeira 80% das vezes. Você pode calcular a probabilidade de que a segunda etapa seja verdadeira e, além disso, pode comparar essas duas probabilidades para determinar qual é maior — ou seja, a *verossimilhança máxima*. Daí o termo "verossimilhança" para especificar a verossimilhança dessa segunda etapa.

Essa cadeia de lógica etimológica é um pouco complicada, e muitos Bayesianos preferem usar o termo *dados* em vez de *verossimilhança*. A distribuição *a posteriori* é o resultado da combinação de a priori com verossimilhança. É possível — até comum — simplesmente adicionar a distribuição a priori à verossimilhança. A distribuição a posteriori costuma ser o ponto final do processo de três etapas, mas não necessariamente.

Por exemplo, você pode ter chegado a uma distribuição a posteriori, mas ainda não concluiu o processo de aquisição e compilação de dados. É fácil tratar a distribuição a posteriori existente como uma nova a priori e, em seguida, compilar essa nova a priori com uma nova probabilidade de gerar uma nova a posteriori. No Capítulo 4, as Figuras 4.1 a 4.7 fornecem um exemplo desse processo.

Este é um exemplo da conveniência de pares conjugados, que discuto sem muitos detalhes no Capítulo 4 como parte da distribuição beta. Suponha que você começou com uma a priori de uma distribuição normal. Se posteriormente você se encontrar tentando combinar essa a priori com uma verossimilhança da distribuição uniforme, poderá ter problemas. Uma distribuição uniforme não pode ser combinada com sucesso, conforme discutido neste capítulo, com uma distribuição normal: elas não são da mesma família de distribuições.

Contrastando uma Análise Frequentista com uma Bayesiana

Vejamos um exemplo bastante direto de como um frequentista e um Bayesiano podem analisar as perspectivas de uma eleição para o Senado dos Estados Unidos. A ideia aqui é dar a você uma noção das diferenças entre como eles pensam sobre o problema, bem como as diferenças nas ferramentas que eles usam para lidar com isso. É surpreendente como uma análise frequentista pode ser complicada, mesmo quando a questão de pesquisa em si é simples.

Essa eleição não está repleta de problemas como desempate e hanging chads[1]; há apenas dois candidatos. A questão se resume a qual candidato atraiu mais votos. Uma pesquisa com cem eleitores qualificados revela que 20% dos entrevistados são a favor do Candidato A — uma clara minoria. Mas a amostra de cem eleitores é grande o suficiente e o Candidato A está tão para trás que poderia desistir hoje?

A Abordagem Frequentista

Esta seção não pretende discutir todas as sutilezas processuais associadas ao teste de uma média amostral em relação a uma média hipotética. Isso virá mais tarde. (Enquanto isso, você pode querer verificar o que o e-book disponibilizado pela Editora tem a dizer sobre testes t e testes z.)

1. *Hanging chad* é o pedacinho de papel que cai quando um cartão das cédulas de votação nos EUA é perfurado. Esses pedacinhos de papel eram para ir com os votos, mas, por algum motivo (mecânico), acabavam ficando "agarrados" e não iam com as tais cédulas para dentro das urnas. Isso acarretou problemas em certa recontagem de votos. A partir disso, o termo "hanging chads" virou sinônimo de quebra ou violação dos procedimentos para eleições. [N. do T.]

Por enquanto, quero apenas alertá-lo sobre algumas das diferenças entre as abordagens frequentista e Bayesiana.

Aqui está como um frequentista pode pensar. O resultado da votação, 20% a favor do Candidato A, representa uma amostra do eleitorado e, desde que os procedimentos de votação aprovados sejam seguidos, cada voto é independente nesta amostra. Nesse caso, aplica-se o teorema do limite central, e podemos considerar a média amostral como uma observação de uma distribuição imaginária: uma curva normal.

Com esse conjunto de dados e algumas suposições, podemos construir um *intervalo de confiança* em torno do resultado da pesquisa de 20%. Esse intervalo de confiança pode se estender de, digamos, um limite inferior de 5% e um limite superior de 35%, com um ponto médio de 20%. Por causa do teorema do limite central, sabemos que, se realizarmos a pesquisa várias vezes, o apoio do Candidato A *poderia* variar de 0% a 100% em todas essas pesquisas imaginárias. Mas nossa melhor estimativa do apoio do Candidato A é de 20%: o valor retornado pela pesquisa que foi realmente realizada. Então, construiremos um intervalo de confiança em torno desse ponto de 20%.

A amplitude desse intervalo de confiança é uma função de dois outros números: o valor da pontuação do Candidato A, 20%, e a confiança que o analista deseja ter de que o intervalo captura algum valor de critério, digamos, 95%. Em outras palavras, queremos saber a frequência das médias amostrais imaginárias que circundam o ponto 20% e que se situam entre os limites inferior e superior do intervalo de confiança. Para obter os limites do intervalo de confiança, primeiro precisamos do erro padrão da pontuação da pesquisa do candidato:

Erro padrão = $s / \sqrt{n}$

onde:

s é o desvio padrão dos 100 votos

n é o número de votos

E, neste caso, o erro padrão é igual a 0,04.

Agora multiplique o erro padrão pelos escores z que representam os pontos percentuais de 2,5% e 97,5% na curva normal. Observe que isso nos informa o número de erros padrão abaixo e acima de 20% onde os limites do intervalo de confiança de 95% estão localizados. Em unidades de pontuação z, os limites do intervalo de confiança são +/– 1,96. Quando você multiplica o erro padrão pelas unidades de pontuação z, obtém um intervalo de confiança de 0,12 a 0,28. Especificamente, 0,20 – 0,8 = 0,12 e 0,20 + 0,8 = 0,28.

Portanto, se o Candidato A for a escolha de 20% da população votante (e, com base em uma única pesquisa, essa é nossa melhor estimativa), ele provavelmente deve desistir da disputa imediatamente. Temos 95% de confiança de que entre 12% e 28% do eleitorado acabará votando no Candidato A. De alguma forma, ele ou ela teria que aumentar esses 28% para 50%, e isso não é uma tarefa fácil.

Você pode testar tudo isso com o suplemento de Análise de Dados do Excel, usando sua ferramenta Estatística Descritiva (mesmo que os intervalos de confiança sejam ferramentas inferenciais, em vez de descritivas).

Tenha em mente que um teste como o descrito nesta seção está entre os mais fáceis de realizar no kit de ferramentas inferenciais do frequentista. Mas eu nem mencionei questões como se você conhece a variância da população ou se esta amostra é grande o suficiente para escolher sensatamente entre um teste t e um teste z, escolhendo entre um teste direcional e um não direcional, interpretando as probabilidades associadas a intervalos de confiança e os efeitos conjuntos de tamanhos de amostra e variâncias nas probabilidades resultantes.

E, no entanto, é o teste estatístico inferencial mais fácil que existe. Passemos para a versão Bayesiana.

A Abordagem Bayesiana

Agora, o que um analista Bayesiano faria ao se deparar com o mesmo problema que o frequentista enfrentou no início desta seção? O Bayesiano chamaria o aplicativo R para executar um código como o seguinte:

```
library(rethinking)
grid <- seq( from=0 , to=1 , length.out=1000 )
prior <- rep(1,1000)
likelihood <- dbinom( x = 20 , size = 100 , prob = grid )
posterior <- likelihood * prior
posterior <- posterior / sum(posterior)
poll_means <- sample( grid , size = 1000 , replace = TRUE , prob =
→posterior )
PI( poll_means , prob=0.95 )
```

O código consiste em seis funções, como segue:

A função `library` chama a atenção do R para o pacote `rethinking`, que contém o código necessário para executar a função `PI` (intervalos de percentil).

A função `seq` estabelece uma sequência de mil números variando de zero a um, com cada número 1 um milésimo maior que o número anterior. Quando preenchida, essa grade conterá o número de médias de amostra que igualam um valor específico na grade.

A função `rep` estabelece um vetor de mil tentativas do numeral 1.

A função `dbinom` retorna à *verossimilhança* a probabilidade de (neste exemplo) observar o valor 1 em um vetor de cem votos que contém vinte unidades, com uma probabilidade intrínseca definida pela sequência na *grade*.

A posteriori é iniciada multiplicando a *verossimilhança* pela *a priori.*

A *a posteriori* é padronizada dividindo cada valor de *verossimilhança* pela soma de seus valores.

A função `sample` extrai mil médias de amostra da *grade*, substituindo cada valor depois de ter sido amostrado, com uma probabilidade encontrada na *a posteriori.*

A função `PI` estabelece um intervalo de confiança de 95% em torno da média da pesquisa de 0,2. (Observe que, embora o suplemento de Análise de Dados do Excel reporte metade da largura do intervalo de confiança, a função PI reporta os próprios limites de PI.)

Quando você executa a sequência de instruções que acabamos de fornecer, R responde com os limites de um intervalo de percentil de 95% em torno do valor de x (aqui, 0,2). Com esses dados, o intervalo de percentis se estende de 0,13 a 0,29, muito próximo aos produzidos com o auxílio do Excel, 0,12 e 0,28.

Embora os resultados das duas análises apresentadas sejam muito próximos um do outro, eles foram obtidos por dois métodos muito diferentes. Ambas as abordagens nos obrigam a lidar com uma distribuição imaginária, mas a distribuição do frequentista é totalmente imaginária, enquanto a distribuição Bayesiana não é: é uma simulação.

O método frequentista baseia-se no teorema do limite central para justificar a comparação de uma média de pesquisa de amostra com uma distribuição de amostragem totalmente composta. Ele usa o erro padrão nessa distribuição de amostragem para calcular o tamanho do intervalo de confiança. Não medimos o erro padrão diretamente. Tais estatísticas e conceitos (o teorema do limite central, o erro padrão da média e assim por diante) são frequentemente mostrados como válidos, embora geralmente por demonstração e não por meio de prova formal.

É verdade que os resultados de uma análise frequentista raras vezes são precisamente iguais aos retornados por meio de uma análise Bayesiana, embora também seja verdade que as duas formas de análise geralmente retornam resultados semelhantes. Esse resultado com frequência se deve a pequenas diferenças na maneira como o cálculo é implantado. (Mas tenha em mente que nenhuma parte deste livro requer o uso de cálculo:

ele está escondido dentro da caixa preta.) Essas diferenças também podem ser devidas ao fato de que a análise requer amostragem para criar distribuições simuladas. Frequentista ou Bayesiana, depende muito de como a amostra é tomada.

Resumo

Este capítulo tem vários propósitos. Em primeiro lugar e mais importante, gostaria de discutir alguma terminologia que provavelmente não é familiar, mesmo no contexto comum das estatísticas frequentistas. Simplesmente não é viável discutir esses conceitos sem esclarecer seus significados em um contexto Bayesiano.

Eu também queria começar a aplicar esses conceitos em torno de uma base lógica para usar estatísticas Bayesianas. Não é razoável pedir que você pense de maneira nova sem explicar seu propósito. Não estou nem aí para isso. Mas agora que aparamos alguns arbustos terminológicos do caminho, podemos discutir como conceitos como a priori e probabilidades interagem com distribuições para trazer resultados úteis.

Observaremos como as distribuições a priori, de verossimilhança e a posteriori funcionam em conjunto com a distribuição binomial no Capítulo 2.

Gerando Distribuições A Posteriori com a Distribuição Binomial

2

NESTE CAPÍTULO

A análise Bayesiana faz uso de uma variedade de ferramentas necessárias para situações especiais; por exemplo, o algoritmo Metropolis e um tipo de algoritmo Metropolis chamado amostragem de Gibbs. Mas você pode contar com a maioria das instâncias da análise Bayesiana para depender de três estruturas: a distribuição a priori, os dados (também chamados de *verossimilhança*) e a distribuição a posteriori. Este capítulo discute como você pode usar a distribuição binomial para gerar essas estruturas.

Infelizmente, mais de um nome é usado para cada uma dessas estruturas. Chamo a situação de "infeliz" porque complica conceitos já complicados. Por exemplo, *dados* é um termo usado na análise Bayesiana que também costuma ser chamado de *verossimilhança*. A distribuição a priori geralmente é conhecida simplesmente como a *priori* e você também verá termos como *crenças* e *conjecturas* usados como sinônimos da distribuição a priori. Neste livro, tento manter os três termos usados no parágrafo anterior: a priori, verossimilhança e a posteriori.

A análise Bayesiana combina a priori com a verossimilhança para resultar em uma a posteriori. Ela faz isso aplicando o teorema de Bayes:

P(A | B) = P(A) P(B | A) / P(B)

do qual tanto este capítulo quanto o livro inteiro têm mais a dizer. Por enquanto, porém, basta saber isso:

- P(A) é a probabilidade de ocorrência do evento A
- P(B) é a probabilidade de ocorrência do evento B
- P(A | B) é a probabilidade de ocorrência do evento A, condicionada ao evento B
- P(B | A) é a probabilidade de ocorrência do evento B, condicionada ao evento A

Este símbolo:

|

(geralmente chamado de "barra vertical" ou "pipe") é usado no contexto da análise de probabilidade para significar "condicionado em" ou "dado que" ou alguma frase semelhante que altera o contexto do evento. Por exemplo, você pode se referir ao evento em que uma determinada pessoa é um Democrata registrado como *evento A*, e o evento em que uma determinada pessoa é do sexo masculino como *evento B*. Nesse caso, P(A) pode ser 40% e P(B) pode ser de 45%. E P(A | B) significaria a probabilidade de uma pessoa ser Democrata, dado que a pessoa é do sexo masculino.

A análise Bayesiana geralmente envolve a combinação de probabilidades dessa maneira e, como as probabilidades são baseadas em contagens de ocorrências de eventos, a análise geralmente se preocupa com as combinações dessas contagens. Isso é o que significa combinar a priori com os dados. A priori é uma distribuição de contagens em diferentes categorias. Essa distribuição é frequentemente uma estimativa bruta de contagens dentro de categorias, ou as probabilidades que surgem dessas contagens, e frequentemente não é mais do que um palpite. É particularmente provável que seja um palpite se você está apenas começando a investigar um fenômeno específico.

Suponha que o ano seja 2020 e você esteja começando a investigar a prevalência do vírus da Covid-19 nos Estados Unidos. Com nada para continuar além de alguns palpites, você pode definir uma a priori para os casos diários dos Estados Unidos como 30 mil casos existentes.

Quando a próxima contagem estiver disponível, você pode adicionar à a priori existente os novos casos (a verossimilhança) de chegar a uma a posteriori. Ou, se você estivesse trabalhando com porcentagens, poderia combinar a priori com os dados multiplicando-os — novamente, alcançando uma nova a posteriori. Quando novos dados se tornam disponíveis, essa a posteriori pode se tornar a nova a priori.

De qualquer forma, ao basear sua análise em uma aproximação de grade simples, é provável que você esteja trabalhando com a distribuição binomial — fica doente versus fica bem, usa máscara versus não usa, está versus não está hospitalizado. (O Capítulo 4 discute a aproximação de grade com mais detalhes.) Portanto, é útil estar confortável com a distribuição binomial e as ferramentas analíticas para lidar com ela.

Entendendo a Distribuição Binomial

Vários tipos diferentes de distribuição, como a distribuição normal — que é a familiar curva do sino — mostram a proporção de uma população que tem uma quantidade de algum atributo, como altura, pressão arterial e quilômetros percorridos em um carro para cada litro de gasolina usado. Por exemplo, "34% dos homens dos Estados Unidos têm entre 1,77m e 1,82m de altura. Outros 34% têm entre 1,78m e 1,83m de altura". Ambas as declarações fazem uso de nosso conhecimento da distribuição normal.

Tanto o Excel quanto o R, juntamente com vários outros aplicativos, suportam o uso de vários tipos de distribuição, incluindo as distribuições normal e binomial.

O Excel (a partir da versão 2016) oferece suporte para o uso da distribuição binomial principalmente por meio de duas funções de planilha, `BINOM.DIST` (`DISTR.BINOM` em português) e `BINOM.INV` (`INV.BINOM` em português). A sintaxe delas é a seguinte:

```
BINOM.DIST(number_s,trials,probability_s,cumulative)
BINOM.INV(trials,probability_s,alpha)
```

A função `BINOM.DIST` retorna o que geralmente é chamado de função de *massa de probabilidade da distribuição* [em inglês, *probability mass function* — PMF]. É caracterizada pelo uso de um determinado número de tentativas e uma determinada probabilidade de um evento, como 50% para um cara ou coroa justo. Você conhecerá o primo próximo da PMF, a *função de densidade de probabilidade*, no próximo capítulo.

NOTA

> Várias outras distribuições, como beta, Poisson e distribuição uniforme, são importantes tanto na análise Bayesiana quanto nos métodos frequentistas tradicionais. Este capítulo e o próximo discutem as distribuições binomial e beta, e este livro descreve distribuições adicionais à medida que surgem em uma análise.

Figura 2.1
Dez lançamentos de uma moeda honesta não resultam necessariamente em cinco caras e cinco coroas.

E5 | =BINOM.DIST(B5,$B$1,$B$2,$B$3)

	A	B	C	D	E
1	Número de lançamentos	10			
2	Probabilidade da moeda de dar cara	50%			
3	Probabilidade acumulada	TRUE			Probabilidade do
4	Distribuição de 10 lançamentos	Caras	Coroas		número de caras
5		10	0	Probabilidade de 10 caras em 10 lançamentos:	100.00%
6		9	1	Probabilidade de 9 caras em 10 lançamentos:	99.90%
7		8	2	Probabilidade de 8 caras em 10 lançamentos:	98.93%
8		7	3	Probabilidade de 7 caras em 10 lançamentos:	94.53%
9		6	4	Probabilidade de 6 caras em 10 lançamentos:	82.81%
10		5	5	Probabilidade de 5 caras em 10 lançamentos:	62.30%
11		4	6	Probabilidade de 4 caras em 10 lançamentos:	37.70%
12		3	7	Probabilidade de 3 caras em 10 lançamentos:	17.19%
13		2	8	Probabilidade de 2 caras em 10 lançamentos:	5.47%
14		1	9	Probabilidade de 1 cara em 10 lançamentos:	1.07%
15		0	10	Probabilidade de 0 caras em 10 lançamentos:	0.10%

A Figura 2.1 mostra a distribuição binomial na prática. Você tem uma moeda honesta, o que significa que é tão provável que dê cara quanto coroa em um determinado lançamento. A probabilidade de cara (e coroa, aliás) é, portanto, uma constante, mostrada na célula B2 da Figura 2.1. (A propósito, esse é o motivo do uso do termo *binomial*. O prefixo *bi* significa "dois" e o sufixo *nomial* refere-se a "nomes", e aqui temos dois nomes: cara e coroa.)

E embora você esteja usando uma moeda honesta, isso não significa necessariamente que cada conjunto de dez lançamentos resulta em cinco caras e cinco coroas. Apenas pura sorte, ou diferenças em como você acerta a moeda com a unha do polegar, ou quanto tempo você deixa a moeda pairar no ar antes de pegá-la, ou qualquer outra variável não medida, pode resultar em uma série de dez lançamentos com mais ou menos de cinco caras.

Portanto, existem onze resultados possíveis nesta demonstração, variando de dez caras (e, portanto, zero coroas) a zero caras (e, portanto, dez coroas). As leis da probabilidade nos dizem com que frequência você obterá dez caras em dez jogadas de uma moeda honesta, seis caras em dez jogadas, duas caras em dez jogadas e assim por diante. O Excel tem uma função que informa quais são essas frequências: ele fornece a lógica e você fornece os detalhes.

A função é `BINOM.DIST`, e a sintaxe da função é a seguinte:

```
BINOM.DIST(number_s,trials,probability_s,cumulative)
```

onde:

- `number_s` é o número de sucessos: aqui, o número de vezes que a moeda dá cara
- `trials` é o número de instâncias: aqui, o número de lançamentos ou dez
- `probability_s` é a probabilidade subjacente de sucesso: aqui, com uma moeda honesta, isso é 50%
- `cumulative`, se FALSE, informa ao Excel para retornar apenas a probabilidade do número associado de caras. Se TRUE, abrange todas as probabilidades de números menores de sucessos, mais a instância atual. Portanto, se cumulativo for TRUE, `BINOM.DIST` retorna a probabilidade cumulativa de três caras como a de zero cara mais a de uma cara mais a de duas caras mais a de três caras.

Observe na Figura 2.1 que a célula E5 contém esta fórmula:

```
=BINOM.DIST(B5,$B$1,$B$2,$B$3)
```

Então:

- O número de sucessos — ou seja, o número de caras — está na célula B5
- As instâncias (aqui, o número de lançamentos) estão na célula $B$1
- A probabilidade de obter cara em qualquer lançamento da moeda está na célula $B$2
- O valor que determina se a probabilidade cumulativa deve ser retornada está na célula $B$3

A célula B5 é mostrada com um endereço relativo para que, quando você copiar o conteúdo de E5 para o intervalo E6:E15, o endereço B5 ajuste sua linha de acordo, de 5 a 6, de 6 a 7 e assim por diante. As células B1 a B3 são mostradas com endereçamento absoluto para que os endereços não sejam alterados conforme a fórmula é copiada e colada em E6:E15.

Na Figura 2.2, observe que a célula B3 contém FALSE e, portanto, as células C8:C18 *não* mostram probabilidades cumulativas, mas a probabilidade associada a cada resultado.

Figura 2.2
O quarto argumento cumulativo de `BINOM.DIST` não é opcional, mas obrigatório.

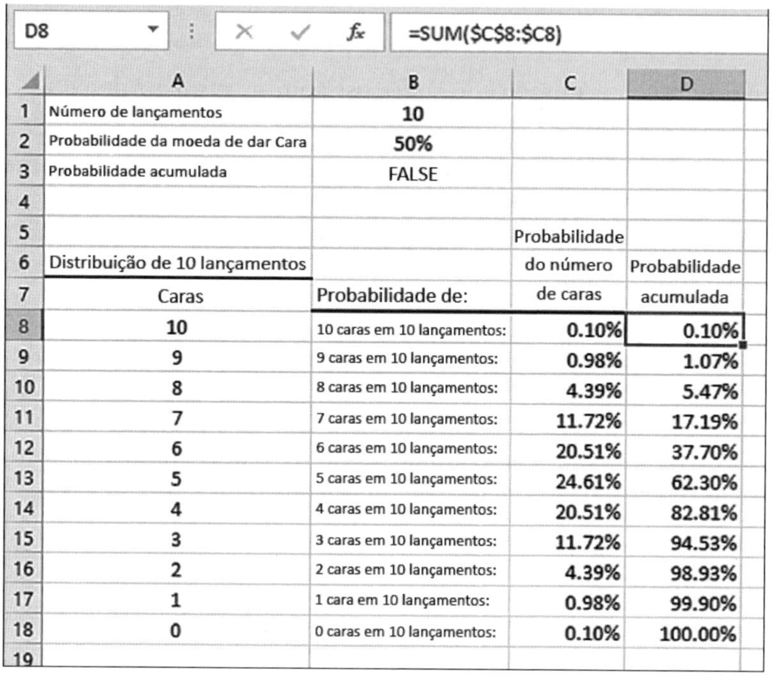

D8 =SUM($C$8:$C8)

	A	B	C	D
1	Número de lançamentos	10		
2	Probabilidade da moeda de dar Cara	50%		
3	Probabilidade acumulada	FALSE		
4				
5			Probabilidade	
6	Distribuição de 10 lançamentos		do número	Probabilidade
7	Caras	Probabilidade de:	de caras	acumulada
8	10	10 caras em 10 lançamentos:	0.10%	0.10%
9	9	9 caras em 10 lançamentos:	0.98%	1.07%
10	8	8 caras em 10 lançamentos:	4.39%	5.47%
11	7	7 caras em 10 lançamentos:	11.72%	17.19%
12	6	6 caras em 10 lançamentos:	20.51%	37.70%
13	5	5 caras em 10 lançamentos:	24.61%	62.30%
14	4	4 caras em 10 lançamentos:	20.51%	82.81%
15	3	3 caras em 10 lançamentos:	11.72%	94.53%
16	2	2 caras em 10 lançamentos:	4.39%	98.93%
17	1	1 cara em 10 lançamentos:	0.98%	99.90%
18	0	0 caras em 10 lançamentos:	0.10%	100.00%
19				

Figura 2.3
As probabilidades cumulativas são mais úteis quando são mapeadas.

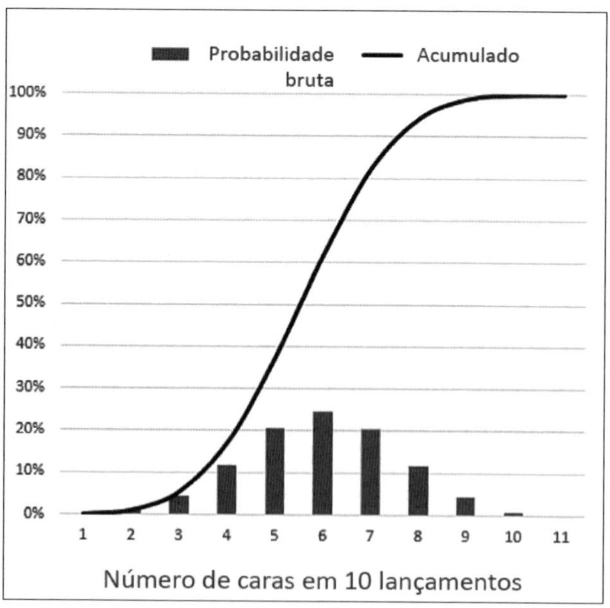

Por exemplo, na Figura 2.2, a célula D9 mostra o valor 1.07. Permitindo uma pequena quantidade de erro de arredondamento devido ao formato de exibição, esse valor é o total dos valores nas células C8:C9 na Figura 2.2. Ou seja, é uma probabilidade cumulativa para a instância de zero cara de 0.1% e a instância de uma cara de 0.98%.

Tenha em mente que os resultados discutidos nesta seção não são determinados apenas por cara ou coroa. Você obteria os mesmos resultados puxando uma carta aleatoriamente de um baralho novo e marcando uma vitória se fosse de um naipe preto e uma derrota se fosse de um naipe vermelho. Em cada caso, há dois resultados possíveis, cara ou coroa, uma carta preta ou uma carta vermelha. Existem onze combinações possíveis: dez de vermelho e zero de preto, nove de vermelho e uma de preto,..., zero de vermelho e dez de preto. Cada combinação tem uma probabilidade específica esperada de longo prazo.

É a última probabilidade que `BINOM.DIST` retorna: na Figura 2.2, isso é 4.39% na célula C10 para oito caras em dez lançamentos (e também na célula C16, porque esta é uma distribuição simétrica — portanto, a probabilidade de oito caras em dez é a mesma que a probabilidade de duas caras em dez). `BINOM.DIST` não pergunta quantos conjuntos de dez lançamentos cada um deseja simular. Isso porque seus resultados são expectativas de longo prazo. Você pode repetir seus dez lançamentos centenas de vezes sem obter exatamente 4.39% geral para oito de dez, mas começará a chegar muito perto quando o número total de conjuntos, talvez de dez lançamentos cada, for grande o suficiente para atingir um resultado estável.

Por um número significativo de razões, é útil saber a porcentagem *cumulativa* de sucessos: por exemplo, a porcentagem de lançamentos com zero caras, mais a porcentagem de lançamentos com uma cara, com duas caras e assim por diante. Você pode obter a probabilidade cumulativa definindo o quarto argumento de `BINOM.DIST` como TRUE. Também pode usar um total acumulado. Se você tiver as porcentagens brutas na planilha, como nas células C8:C18 na Figura 2.2, poderá adicionar esta fórmula em D8:

```
=SUM($C$8:$C8)
```

e arrastá-la para baixo através de D9:D18. A Figura 2.3 mostra os resultados em forma de gráfico, com as porcentagens brutas no formato de Coluna e as porcentagens cumulativas no formato de Linha.

Compreendendo Algumas Funções Relacionadas

O Excel possui algumas funções que estão intimamente relacionadas à `BINOM.DIST`. Vou mencioná-las aqui, embora os conceitos que discuti neste capítulo tenham basicamente o mesmo efeito que quando usados com essas outras funções.

O Excel oferece uma função chamada `BINOM.INV`, que retorna o inverso da função `BINOM.DIST`. `BINOM.INV` é útil na amostragem de aceitação, ajudando tanto um comprador quanto um vendedor a decidir se um lote completo de mercadorias está abaixo de um critério negociado para porcentagem de defeitos. Compare a sintaxe dessas duas funções do Excel:

```
BINOM.DIST(number_s,trials,probability_s,cumulative)
BINOM.INV(trials,probability_s,alpha)
```

Se você comparar a lista de argumentos de `BINOM.DIST` com a de `BINOM.INV`, notará que:

- Você precisa fornecer a ambas as funções o número de instâncias (`trials`) e a probabilidade de longo prazo do evento (`probability_s`). No exemplo discutido neste capítulo, *trials* denota dez lançamentos da moeda e *probability_s* denota 0,5 ou 50% porque supomos que você está usando uma moeda honesta.
- Você também precisa fornecer o argumento cumulativo para `BINOM.DIST`.
- As principais diferenças entre as duas funções são as seguintes:

  Você fornece `number_s` para `BINOM.DIST` — esse é o número de *sucessos* em `trials` — e ele retorna `alpha`, a probabilidade associada a `number_s`, dados os outros argumentos.

  Você fornece `alpha` para `BINOM.INV` e ele retorna `number_s`, novamente dados os outros argumentos.

Então:

```
=BINOM.DIST(4, 10, 0.5, FALSE)
```

retorna **0,2051**, e

```
=BINOM.INV(10, 0.5, 0.2051)
```

retorna **4**.

Você descobrirá que as funções que lidam com várias outras distribuições, incluindo beta, gama, qui-quadrado, *t*, *F*, log-normal e normal, têm distinções semelhantes entre seus formulários `DIST` e `INV` no Excel.

NOTA

> Faz sentido que você precise especificar um argumento *cumulativo* para a função `BINOM.DIST`, porque pode querer a probabilidade de um determinado número de sucessos (definir *cumulativo* como FALSE) *ou* a soma das probabilidades para um intervalo de sucessos (definir *cumulativo* como TRUE). Não faz sentido você querer um total cumulativo dos números de sucessos — pelo menos não no contexto de uma análise de probabilidade. Existem maneiras muito mais fáceis no Excel de encontrar o total de números inteiros consecutivos, como *=1 + 2 + 3 + 4*.

Você também pode notar que o Excel oferece uma função `BINOMDIST` (observe a ausência do ponto no nome da função) e uma função `CRITBINOM`. Essas são funções herdadas de versões anteriores do Excel. A documentação da Ajuda afirma que as versões atuais podem ser mais precisas do que as contrapartes herdadas das funções.

Examinaremos mais de perto os resultados em C8:C18 na Figura 2.2. A célula C14 mostra que a probabilidade de obter quatro caras em dez lançamentos de uma moeda honesta é de 20.51%. Suponha que você experimentou este exemplo na realidade e obteve 20.51% para cinco caras em dez lançamentos e 24.61% para quatro lançamentos de dez. Isso é o contrário do que você espera: com uma moeda honesta, você espera quatro caras em 20.51% de dez lançamentos e cinco caras em 24.61% de dez lançamentos (consulte as células C13:C14).

Isso significa que você realmente não tem uma moeda honesta? Que a média de longo prazo para caras com esta moeda é inferior a 24.61%?

A maioria das pessoas sensatas discordaria disso. Para elas, a evidência simplesmente não seria forte o suficiente para rejeitar a hipótese de que é uma moeda justa de 50%. Tanto intuitiva quanto matematicamente, você *espera* obter três, quatro, seis ou sete coroas em 64.45% dos testes de dez lançamentos. Você provavelmente se sentiria mais confortável atribuindo as jogadas extras de coroa (ou as jogadas extras de cara) ao acaso do que suspeitando que se trata de uma moeda viciada.

Mas você pode chegar a uma conclusão diferente. E se os resultados do seu teste favorecessem não quatro ou cinco caras em dez lançamentos, mas três caras em dez? Uma moeda honesta se comportará dessa maneira apenas 11.72% das vezes (consulte a célula C15 na Figura 2.2). Para você, isso pode fazer diferença. Um resultado que está a duas jogadas de distância da expectativa de longo prazo de uma moeda honesta pode ser o suficiente para você suspeitar que alguém está usando uma moeda falsa.

Você pode considerar que uma diferença de dois lançamentos em dez, três caras em vez de cinco caras em dez lançamentos, é grande o suficiente para fazer você duvidar da honestidade da moeda. Se preferir pensar em termos de porcentagens em vez de números brutos, pode concluir que uma diferença de 12.89% (ou seja, 24.61% menos 11.72%) merece mais atenção do que 4.10% (ou seja, 24.61% menos 20.51%).

Se houvesse algo em questão mais importante do que jogar cara ou coroa — por exemplo, se uma vacina é segura ou tóxica — então, sem dúvida, você gostaria de reforçar as evidências com pesquisas empíricas relacionadas e análises de custo/benefício. Mas, no fundo, a decisão é subjetiva e depende de como você considera os custos de uma má escolha em relação aos benefícios de uma boa. Voltarei a esse assunto mais tarde, quando examinarmos os testes A/B na análise Bayesiana.

Mas primeiro é necessário mostrar como executar testes binomiais no R e não no Excel. Isso facilitará as transições subsequentes quando atingirmos o ponto de aproximações quadráticas e Monte Carlo via Cadeia de Markov (MCMC).

Trabalhando com Funções Binomiais do R

Para consistência com funções que trabalham com distribuições diferentes da binomial, o R tende a incorporar mais funcionalidade em suas análises binomiais de forma mais precisa do que o Excel. Lembre-se de que o Excel tem duas funções binomiais primárias: `BINOM.DIST`, que retorna a probabilidade associada a diferentes números de sucessos, e `BINOM.INV`, que retorna o número de sucessos associados a diferentes probabilidades.

Em contraste, o R oferece estas funções binomiais:

- `dbinom(x, size, prob, log = FALSE)` — versão do R de `BINOM.DIST`. O "d" em `dbinom` significa "densidade". O primeiro, ou *x*, argumento para `dbinom` pode ser um único valor; então, `dbinom` retorna a probabilidade de sucessos associados a esse agrupamento — digamos, quatro caras de dez lançamentos. Se *x* for um vetor, conforme mostrado na próxima seção, `dbinom` então retornará um vetor de probabilidades, cada uma associada a um valor em *x*.
- `pbinom(q, size, prob, lower.tail = TRUE, log.p = FALSE)` — versão do R de `BINOM.DIST`, mas as probabilidades retornadas são somas cumulativas. Considerando que `BINOM.DIST` pode retornar 3%, 4% e 5% como as probabilidades do Evento 1, Evento 2 e

Evento 3, `pbinom` pode retornar 3%, 7% e 12%, respectivamente. Por outro lado, o Excel conta com o uso de funções de planilha para converter as probabilidades específicas do evento `BINOM.DIST` em somas cumulativas de probabilidades. O argumento cumulativo de `BINOM.DIST` não é opcional. `pbinom` tem um argumento `lower.tail` que permite que você acumule de cima para baixo e não de baixo para cima.

- `qbinom(p, size, prob, lower.tail = TRUE, log.p = FALSE)` — versão de R de `BINOM.INV`. Você fornece `p`, uma probabilidade ou vetor de probabilidades. Esse é o primeiro argumento do `qbinom`. Você também fornece `size` (o número de instâncias, como dez lançamentos) e `prob` (a probabilidade de um evento, aqui 0,5 para cara). O R retorna o número cumulativo de sucessos, como `[0, 1, 2]` e assim por diante, associado à taxa de sucesso representada por cada quantil. (Sim, isso é confuso. Discutirei isso mais adiante nas seções posteriores deste capítulo.)
- `rbinom(n, size, prob)` — O Excel não possui uma versão integrada desta função. Ele retorna valores aleatórios de uma distribuição binomial.

Usando a Função dbinom do R

Para usar `dbinom` de forma eficaz, você deve ser capaz de preparar e passar um vetor de valores para a função `dbinom`. Cada valor representa algum número de sucessos: ou seja, zero cara em dez jogadas, uma cara em dez jogadas e assim por diante. A função `dbinom` usa esse vetor, em conjunto com mais dois argumentos, para retornar a probabilidade associada a cada número de sucessos.

Por exemplo, digite este comando no console do R, logo à direita do prompt de comando >:

```
successes = seq(0, 10, by = 1)
```

Esse comando estabelece o vetor do número de sucessos ou lançamentos que resultam em cara. O R responde mostrando outro prompt de comando na próxima linha em branco no console. Digite este comando para ver o vetor que você acabou de criar:

```
successes
```

R responde com o conteúdo do vetor `successes`:

```
[1]  0  1  2  3  4  5  6  7  8  9 10
```

Nesse caso, a função `seq` criou o vetor com onze valores, porque começa com zero como seu primeiro valor e termina em 10. O número entre colchetes na extremidade esquerda da saída indica o índice do valor no vetor imediatamente à sua direita. Portanto, se R tivesse espaço para apenas cinco valores na primeira linha da saída, a segunda linha começaria com [6]. Se você estiver exibindo a saída no console do R em vez de gravá-la em um arquivo, o espaço que o R tem disponível é ditado pela largura do console conforme definido na tela.

Agora, digite este comando no console:

```
probabilities=dbinom(successes,size=10,.5)
```

Este comando passa o conteúdo dos sucessos do vetor para o primeiro argumento da função `dbinom`. O argumento de tamanho é definido como 10 na lista de argumentos: ele define o número de instâncias como 10 — em nosso exemplo, uma instância é um lançamento de moeda, portanto, dez tentativas ou lançamentos. E o terceiro argumento dá a expectativa de longo prazo de que a probabilidade de uma jogada dessa moeda retornar cara é 0.5 ou 50%.

Você pode retornar a probabilidade de cada número de caras (ou seja, o número de sucessos) inserindo este comando no console:

```
probabilities
```

Você obterá estes resultados:

```
 [1] 0.0009765625
 [2] 0.0097656250
 [3] 0.0439453125
 [4] 0.1171875000
 [5] 0.2050781250
 [6] 0.2460937500
 [7] 0.2050781250
 [8] 0.1171875000
 [9] 0.0439453125
[10] 0.0097656250
[11] 0.0009765625
```

Se você copiar e colar essas figuras do console e em uma planilha do Excel, poderá compará-las com os resultados da função `BINOM.DIST` que examinamos anteriormente neste capítulo.

DICA

> Você provavelmente achará conveniente usar o comando Texto para Colunas do Excel (na guia Dados da Faixa de Opções) para remover os índices entre colchetes e converter o formato de texto usado no console do R para um formato de porcentagem fornecido pelo Excel.

Se você seguiu atentamente as instruções dadas neste capítulo, verá que a função `dbinom` do R retorna as mesmas probabilidades para diferentes índices que a função `BINOM.DIST` do Excel.

NOTA

> Você pode achar mais fácil usar a função `write.csv` do R para enviar os resultados da função `dbinom` para um arquivo CSV e abri-lo no Excel. Isso evita os problemas associados à conversão da saída de texto do R em valores percentuais no Excel.

A função `dbinom` do R também reconhece um argumento de log. Por padrão, seu valor é FALSE. Portanto, ambas as versões retornam 0,2051, a porcentagem real de longo prazo:

```
dbinom(4, 10, .5, log = FALSE)
dbinom(4, 10, .5)
```

Se você defini-lo como TRUE, a função retornará –1,584364:

```
dbinom(4, 10, .5, log = TRUE)
```

Usando a Função `pbinom` do R

Se você usar os mesmos argumentos acima, mas com `pbinom` em vez de `dbinom`, obterá probabilidades cumulativas. Se você estabelecer um vetor denominado `successes`, como na seção anterior, então esta função:

```
pbinom(successes,10,.5)
```

retorna este vetor:

```
[1] 0.0009765625
[2] 0.0107421875
[3] 0.0546875000
[4] 0.1718750000
[5] 0.3769531250
[6] 0.6230468750
[7] 0.8281250000
```

```
[8] 0.9453125000
[9] 0.9892578125
[10] 0.9990234375
[11] 1.0000000000
```

Observe que, se você mantiver um total acumulado dos valores retornados por `dbinom`, obterá os valores retornados por `pbinom`.

As probabilidades cumulativas são importantes no campo da amostragem de aceitação, onde muitas vezes você deseja saber a probabilidade de uma unidade defeituosa, mais a probabilidade de duas dessas unidades, mais a probabilidade de três e assim por diante até o limite das tentativas. Anteriormente neste capítulo, observei que `pbinom` recebe um argumento chamado `lower.tail`. Aqui está a razão. Convencionalmente, o primeiro argumento para `dbinom` e `pbinom` é denominado e pensado como o número de *tentativas bem-sucedidas* — por exemplo, apenas três caras em dez lançamentos.

Mas quando você está interessado no número de *tentativas malsucedidas* em um lote de produção, também está interessado não nas instâncias cumulativas de 1, 2, 3 etc. sucessos, mas nas instâncias cumulativas de 10, 9, 8, etc. falhas.

Visualize o vetor de probabilidades retornado por `pbinom`. No estado normal das coisas, você está interessado em contagens de sucessos e começa a acumular as probabilidades com a contagem de instâncias em zero sucessos e termina (talvez, como em nosso exemplo) em dez. Você começa a acumular na extremidade inferior da distribuição e o argumento `lower.tail` é (e seu padrão está definido como) TRUE.

Mas quando você está interessado nas falhas, é conveniente acumular contagens de falhas, e você consegue isso alterando o valor de `lower.tail` para FALSE de seu valor padrão de TRUE. Então, a acumulação começa na extremidade superior e não na extremidade inferior da distribuição.

E há mais um argumento para `pbinom`, `log.p`. Defini-lo como TRUE faz com que `pbinom` retorne o log das probabilidades em vez dos valores brutos, para que possam ser somados em vez de multiplicados — entre outras conveniências.

Usando a Função `qbinom` do R

A função `qbinom` usa esta sintaxe:

```
qbinom(p, size, prob, lower.tail = TRUE, log.p = FALSE)
```

Sua equivalente em Excel é

```
=BINOM.INV(size, prob, p)
```

onde

- `p` é a probabilidade associada a um determinado número de sucessos (por exemplo, a probabilidade de acertar oito caras em dez lançamentos)
- `size` é o número de tentativas (por exemplo, o número de lançamentos de moeda em um conjunto de lançamentos)
- `prob` é a probabilidade inerente ao evento (por exemplo, 0,5 para o lançamento de uma moeda honesta)

A Figura 2.4 ilustra a relação entre o número de itens defeituosos encontrados em uma amostra de cem itens e a porcentagem defeituosa esperada em um lote completo de itens.

Figura 2.4

O resultado da função `qbinom` é interpretado pela documentação do Excel como o menor valor maior que um critério. Aqui, o critério pode ser o número máximo de defeitos em uma amostra antes que todo o lote seja rejeitado.

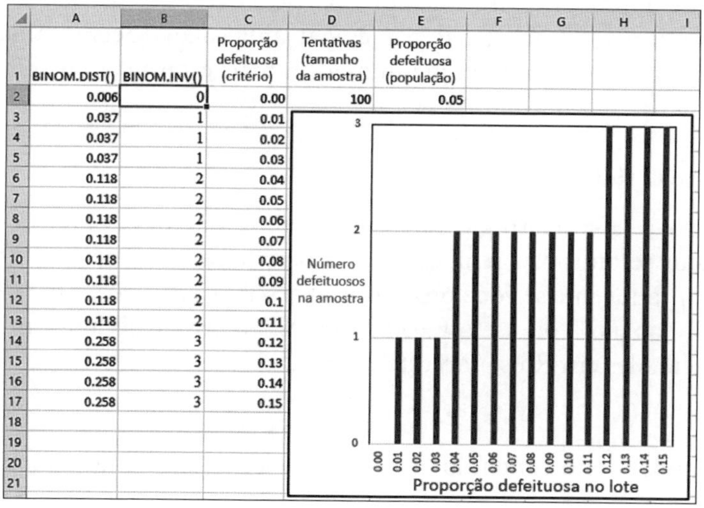

BINOM.DIST()	BINOM.INV()	Proporção defeituosa (critério)	Tentativas (tamanho da amostra)	Proporção defeituosa (população)
0.006	0	0.00	100	0.05
0.037	1	0.01		
0.037	1	0.02		
0.037	1	0.03		
0.118	2	0.04		
0.118	2	0.05		
0.118	2	0.06		
0.118	2	0.07		
0.118	2	0.08		
0.118	2	0.09		
0.118	2	0.1		
0.118	2	0.11		
0.258	3	0.12		
0.258	3	0.13		
0.258	3	0.14		
0.258	3	0.15		

O eixo vertical na Figura 2.4 representa o número de itens defeituosos encontrados na amostra. O eixo horizontal representa a proporção de itens no lote completo que você pode esperar que sejam defeituosos. Novamente, esse tipo de análise é visto com mais frequência na amostragem de aceitação do que em outros procedimentos. Daremos uma olhada em como isso pode funcionar.

Usando R e `qbinom` em Testes de Qualidade

Quero explorar o tópico de amostragem de aceitação e a função `qbinom` com mais detalhes aqui porque muitas pessoas, inclusive eu, acham sua lógica um pouco tortuosa no início. Observar a função e seus resultados fora da estrutura Bayesiana pode ajudar a esclarecer essa lógica.

Considere esta situação: você negociou a compra de uma peça complexa de maquinário para ser instalada em seu produto como parte do processo de montagem final. A empresa que fabricará o componente para você tem reputação de mercadorias de qualidade, mas esta será sua primeira experiência fabricando o componente em questão. Os diretores concordam que você pode devolver a primeira remessa como defeituosa se, usando ferramentas convencionais de amostragem de aceitação, você descobrir que a primeira remessa de cem unidades contém 5% ou mais de defeitos.

Essas ferramentas significam que você retirará uma unidade aleatoriamente da remessa e a testará. Você repetirá esse processo até atingir o número máximo aceitável de defeituosos. Nesse ponto, se acontecer, o teste para. Você não quer testar as cem unidades se não for necessário porque é um processo caro e demorado. Além disso, seu negócio é montar produtos para o usuário final, não enviar uma caixa de cem unidades de volta ao fabricante porque uma unidade a mais estava com defeito.

Usando `qbinom`

Como você sabe se atingiu esse critério de teste e deve parar de testar? Você pode testar toda a remessa, mas isso pode custar tempo e dinheiro, e é contraproducente se você precisar usar testes destrutivos. Em vez disso, use o R e `qbinom`, ou use o Excel e `BINOM.INV`. Estabeleça os limites das probabilidades em R usando este código:

```
> p = seq(0, .15, by = .01)
```

Você pode ver o conteúdo do vetor simplesmente digitando seu nome:

```
> p
 [1] 0.00 0.01 0.02 0.03 0.04 0.05 0.06 0.07
  [9] 0.08 0.09 0.10 0.11 0.12 0.13 0.14 0.15
```

Em seguida, execute esses comandos em R:

```
> size = 100

> prob = .05
> qbinom(p,size,prob)
```

Usar a sintaxe na documentação do R ajuda a tornar o código R mais autodocumentável, mas é claro que você pode empregar este comando se preferir usar os números reais para *size* (ou seja, o número de componentes amostrados) e *prob* (ou seja, a probabilidade hipotética que fará com que você devolva a remessa ao seu fabricante):

```
> qbinom(p,100,.05)
```

E o R responde com estes resultados:

```
[1] 0 1 1 1 2 2 2 2 2 2 2 2 3 3 3 3
```

Esses são os valores da distribuição binomial associados às probabilidades que você armazenou no vetor denominado *p*. Como você verá na próxima seção, na Figura 2.4, o Excel retorna os mesmos resultados por meio de sua função `BINOM.INV`.

Usando Excel e BINOM.INV em Testes de Qualidade

Na Figura 2.4, observe que do segundo ao quarto valores retornados por `BINOM.INV` em B3:B5 cada um é igual a 1, e o quinto em B6 é igual a 2. Isso significa que se você observar pelo menos uma unidade defeituosa nas quatro primeiras testadas, você pode concluir que o lote completo tem pelo menos 5% de unidades defeituosas.

Se você passar a testar a quinta unidade, o critério de rejeição aumenta de um para dois. O critério permanece em dois até que o resultado de `BINOM.DIST` atinja 0.258 na célula A14. A justificativa é que quando o resultado de `BINOM.DIST` na coluna A é maior que o critério na coluna C, a proporção normal esperada de unidades defeituosas é maior que a comparação na coluna C. Na terceira linha, por exemplo, 0.037 na coluna A é maior que 0.01 na coluna C. Nesse caso, o critério na coluna B não muda (aqui, de B3 para B4).

Mas na linha 5, o 0.037 em A5 é maior que o valor de comparação 0.03 em C5 e, portanto, o valor do critério na coluna B aumenta, de B5 para B6.

É importante perceber que o valor retornado por `BINOM.INV` e `qbinom` depende de três números: o tamanho da amostra (o Excel chama isso de *tentativas*; o R chama de *tamanho*), a proporção hipotética de sucessos (o Excel chama isso de *probability_s*; o R chama de *prob*), e o vetor de probabilidades que representam sua faixa de interesse (o Excel chama isso de *alpha*; o R chama de *p*).

Aqui estão as etapas para executar a análise no Excel. Insira esta sequência em, digamos, C2:C17:

0.00, 0.01, 0.02 ... 0.15

Este é o mesmo vetor que você atribuiu à variável *p* na seção anterior.

No Excel, você pode obter os mesmos resultados de `qbinom`, com esta fórmula inserida na célula B2:

```
=BINOM.INV($D$2,$E$2, C2)
```

Copie e cole-a em B3:B17. Ela assume que o número 100 está na célula D2 e o número 0.05 na célula E2. Observe que os resultados da função `BINOM.INV` são os mesmos retornados por `qbinom` na seção anterior:

Para reconciliar os argumentos conforme são usados neste exemplo:

- A documentação do R refere-se ao número de componentes a serem testados como *tamanho*. A documentação do Excel usa o termo *tentativas*. Neste exemplo, seu valor é 100.
- A documentação do R refere-se ao valor que você está testando como *prob*. O termo do Excel é *probability_s*. Neste exemplo, seu valor é 0.05.
- A documentação de R refere-se ao vetor de probabilidades como *p*. O termo do Excel é *alpha*. Neste exemplo, é um vetor mantido na memória do R, e no Excel a mesma sequência de frações decimais pode estar em C2:C17, como na Figura 2.4.

Usando a Função `rbinom` do R

Você pode usar a função `rbinom` do R para estabelecer um vetor de valores aleatórios com base em uma distribuição binomial. Você precisa fornecer um número específico de valores aleatórios (`n`), o número de instâncias de tentativas em cada conjunto (`size`), e a probabilidade de sucesso de uma tentativa individual (`prob`), levando a esta sintaxe:

```
rbinom(n, size, prob)
```

A função `rbinom` é útil quando você está estabelecendo a priori por meio de métodos mais complexos do que aqueles que usam uma distribuição binomial simples.

Lutando com a Matemática

Até este ponto, este livro discutiu a distribuição de valores de variáveis geralmente descritas como "nominais" ou "categóricas". A principal questão a ter em mente é que as categorias têm limites inflexíveis. A quantidade de itens com defeito em uma amostra é um bom exemplo: se uma amostra contém cinco itens com defeito, dois deles podem conter um ou mais defeitos verdadeiros e um item com defeitos que não importam muito. Você ainda tem três itens com defeito, não dois e um quarto itens com defeito. Se você tiver uma caixa de itens com defeitos, ela pode conter doze itens. A caixa não será considerada como contendo onze itens realmente com defeito e um item com apenas metade do defeito. (Mas um ramo da amostragem de aceitação se preocupa com tipos de defeitos, alguns dos quais podem ser motivo de rejeição e outros não.)

Variáveis *contínuas* são uma outra história. Uma variável contínua pode ter uma distribuição com valores, e esses valores podem ter frequências de ocorrência e, portanto, porcentagens de ocorrência. Temperatura, altura e nível de colesterol são variáveis contínuas. Um metro e oitenta e quatro centímetros é um valor perfeitamente aceitável para a altura humana. Setenta e dois itens e meio com defeito não é um valor aceitável para uma contagem de defeitos em um lote de produção: esse meio defeito estraga a contagem. Um item com defeito parcial conta como um item com defeito, não meio item com defeito.

Embora essa distinção restrinja o intervalo dentro do qual as variáveis categóricas são apropriadas para análise, a distinção as torna mais fáceis de analisar. A frequência de itens em uma categoria é meramente uma contagem de seus itens. Para obter sua probabilidade de ocorrência, basta dividir a contagem da categoria pelo tamanho da amostra completa.

As coisas são diferentes com variáveis contínuas. A Figura 2.5 mostra a distribuição de uma curva normal, de –1,0 a +1,0 z-scores.

Figura 2.5
Em algum lugar ao longo da linha, o cálculo deve entrar em jogo na análise da distribuição de uma variável contínua.

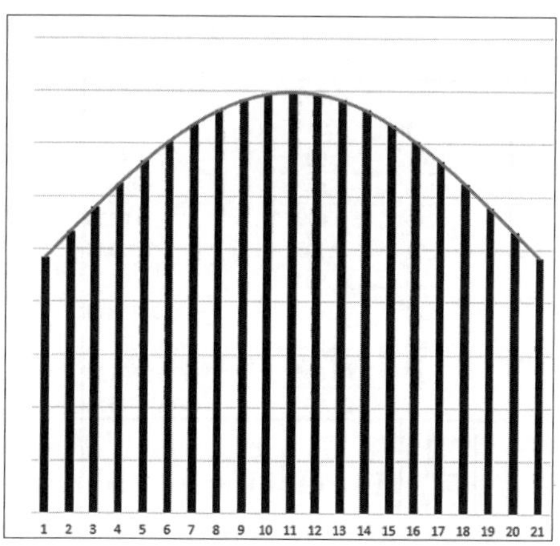

Se cada coluna representasse a frequência de ocorrência de um valor em uma variável categórica, a linha entre o topo de cada coluna e uma adjacente seria reta, e a contagem de cada categoria seria exatamente proporcional à altura da coluna mais a área triangular em seu topo.

Mas se a Figura 2.5 representa uma variável contínua, então a linha entre os topos das colunas adjacentes é um arco, não uma linha reta. Essa quantidade de curvatura em um segmento dessa linha depende de sua localização ao longo do intervalo dos valores da variável contínua, bem como da distância entre as colunas. Para obter uma estimativa precisa da proporção ou frequência de casos em qualquer lugar ao longo da distribuição de uma variável contínua, precisamos aplicar o cálculo integral. Felizmente, esse cálculo está oculto dentro de funções análogas às funções `BINOM` no Excel e às funções `binom` no R. Explorarei essa questão com mais detalhes (sem recorrer a um símbolo integral ou diferencial) quando abordarmos o beta distribuição no Capítulo 8.

Nesse ínterim, as variáveis nominais nos permitem evitar o cálculo, escondidas dentro de outras funções ou não. Ocasionalmente, é útil poder calcular a distribuição binomial sem recorrer à `dbinom` do R ou à função `BINOM.DIST` do Excel. ("É um número ridículo que estou obtendo de `BINOM.DIST`; é melhor desmembrá-la e ver o que está acontecendo.") A Figura 2.6 mostra como isso é feito, sem recorrer a nada mais complicado do que um expoente.

Figura 2.6
O cálculo "nCr" está no centro da distribuição binomial.

F5 | =C5*D5*E5

	A	B	C	D	E	F	G
1	Eventos totais (n)	10					
2	Prob do evento (p)	0.6					
3							
4	Sucessos (r)			Prob^ Sucessos	(1-Prob)^ (Sucessos do evento)	C * D * E	BINOM.DIST()
5	10		1	0.60%	1.0	0.60%	0.60%
6	9		10	1.01%	0.4	4.03%	4.03%
7	8		45	1.68%	0.16	12.09%	12.09%
8	7		120	2.80%	0.064	21.50%	21.50%
9	6		210	4.67%	0.0256	25.08%	25.08%
10	5		252	7.78%	0.01024	20.07%	20.07%
11	4		210	12.96%	0.004096	11.15%	11.15%
12	3		120	21.60%	0.0016384	4.25%	4.25%
13	2		45	36.00%	0.00065536	1.06%	1.06%
14	1		10	60.00%	0.000262144	0.16%	0.16%
15	0		1	100.00%	0.000104858	0.01%	0.01%
16			[n C r]	(p^r)	(1-p)^(n-r)		

A fórmula "nCr" geralmente é falada como "n coisas tomadas r de cada vez", ou como "n escolhe r". Ela retorna o número de maneiras de combinar n coisas em grupos de tamanho r. Assim, três pessoas — Alice, Bob e Carol — podem formar duplas de três maneiras: Alice e Bob, Bob e Carol, Alice e Carol. Você pode obter essa contagem usando a fórmula nCr:

nCr = n! / ((n – r)! r!)

onde queremos saber o número de combinações de tamanho *r* que podem ser formadas de *n* elementos. A propósito, o ponto de exclamação nessa fórmula significa *fatorial.* A expressão 4! significa 4 × 3 × 2 × 1. (O ponto de exclamação geralmente é pronunciado "fatorial", como em "quatro fatorial".)

Assim, com três elementos e grupos de tamanho 2, temos:

3! / ((3 – 2)! × 2!

ou 6 / (1 × 2), ou 3. Ainda não é isso que estamos procurando, no entanto. Como mostra a Figura 2.6, temos que colocar mais três quantidades em cena:

- *p*, a probabilidade de um determinado evento. Se você estiver trabalhando com cara ou coroa, a probabilidade de obter um lado nomeado da moeda é 0,5; se for um baralho, 1/52; se for um dado de seis lados, é 16,67%. Na Figura 2.6, *p* está na célula B2.
- *n*, o número de eventos, na célula B1. Suponha que você queira avaliar se uma moeda é honesta. Você decide que um experimento com a moeda consistirá em dez lançamentos, após os quais você registrará o número de vezes que a moeda deu cara. Você repete o experimento com mais dez lançamentos, e mais uma vez. O número de eventos é dez — dez lançamentos da moeda.
- *r*, o número de eventos bem-sucedidos. Se você jogar uma moeda dez vezes e obtiver seis caras, *r* é igual a 6.

Resumo

Passaremos para a distribuição beta. Como você verá, a beta tem semelhanças e diferenças cruciais em relação à binomial, que, como você viu neste capítulo, é caracterizada pelo que tende a ser limites naturais entre os valores de uma variável.

Uma distribuição beta não tem limites desse tipo: é contínua em vez de discreta. Este aspecto de uma distribuição beta tem implicações para as funções que você escolhe (`pbeta` em vez de `pbinom`, por exemplo), bem como as inferências que você pode extrair de seu uso. Verá que a maioria das capacidades que pode encontrar na família binomial são replicadas, tendo em conta as diferenças entre os dois tipos de distribuição, na família beta.

Entendendo a Distribuição Beta

3

NESTE CAPÍTULO

O capítulo anterior discutiu a distribuição binomial e como usar as funções de planilha do Excel, bem como a família de funções binomiais do R, para explorar as inferências que você pode fazer a partir dessas funções.

Este capítulo explora algumas das razões pelas quais você pode decidir usar uma distribuição diferente da distribuição binomial como seu ponto de referência. Essa é a *distribuição beta*.

De várias maneiras, a distribuição beta se assemelha à binomial. Por exemplo, ambas as distribuições se prestam bem à análise de eventos que podem assumir um de dois valores, como cara ou coroa, verdadeiro ou falso, sobrevive ou não sobrevive. Uma consequência da análise desse tipo de evento é que você acaba com categorias discretas — categorias que você pode facilmente contar.

Por exemplo, você pode querer analisar a equidade de uma moeda — isto é, se a moeda tem a mesma probabilidade de dar cara ou coroa. Simplesmente como consequência da maneira como o evento é medido, você inevitavelmente acaba com categorias de resultado, como zero cara em dez lançamentos, uma cara em dez lançamentos, duas caras e assim por diante. É incomum até mesmo levar em conta uma moeda lançada permanecer na borda, então suas categorias não incluiriam cinco caras e meia em dez lançamentos.

E, no entanto, se você estivesse registrando medidas de colesterol LDL em vez de cara ou coroa, você gostaria de registrá-las com uma métrica o mais refinada possível, a fim de aproveitar o fato de que seu instrumento de medição é muito mais sensível do que uma moeda. Você espera aprender mais se puder gravar e estudar um registro que mede o LDL de um indivíduo como *80,55*, em vez de *entre 80 e 85*.

Mas uma métrica tão refinada não é de muita utilidade se o seu software não puder lidar com ela. Enquanto a distribuição binomial geralmente não pode, a distribuição beta pode, e este capítulo trata de explicar como.

Estabelecendo a Distribuição Beta no Excel

Começaremos, como no capítulo anterior, fazendo o inventário das funções de planilha pertinentes no Excel.

NOTA

> Faço essa sugestão porque é difícil encontrar um computador que não tenha o Excel instalado e porque muitos usuários experimentaram pela primeira vez distribuições discretas usando as funções do Excel. Familiaridade gera confiança.

Apenas duas funções no Excel têm a ver com a distribuição binomial (deixando de lado as funções legadas): `BINOM.DIST`, que retorna informações sobre a área sob a curva da distribuição, e `BINOM.INV`, que retorna informações sobre as categorias que compõem a curva.

O padrão que o Excel usa para a distribuição beta é semelhante. O Excel oferece uma função `BETA.DIST`, que retorna uma área associada a um quantil, e uma função `BETA.INV`, que retorna informações sobre o quantil associado a uma área.

NOTA

> Um quantil é um ponto ao longo de uma escala que divide uma probabilidade — como uma área sob uma curva — em quantidades iguais. Os quantis familiares incluem percentis e quartis. Supondo que os valores sejam classificados em ordem crescente, o primeiro percentil é o ponto em uma escala abaixo do qual você encontra o 1% mais baixo dos valores. O segundo percentil captura 1% adicional dos valores. O primeiro quartil separa os 25% inferiores dos valores dos 75% superiores. A mediana divide a área em duas metades de 50%.

`BETA.DIST` e `BETA.INV` são inversamente proporcionais, de maneira semelhante a `BINOM.DIST` e `BINOM.INV`. Para ilustrar, considere esta fórmula:

```
=BETA.DIST(0.47,18,31,TRUE)
```

que especifica o quantil em questão em 0,47 (ou seja, 47%), o número de sucessos observados para esse evento em 18 e o número de falhas observadas em 31, e solicita o total de probabilidades dos quantis de 0,0 a 0,47 (ou seja, o quarto argumento *cumulativo* da função é TRUE). O resultado da função é 0,9292. A probabilidade cumulativa de 0 a 14 eventos bem-sucedidos é de 92,9%.

Agora considere o inverso da fórmula anterior:

```
=BETA.INV(0.9292,18,31)
```

que fornece como argumentos para a função `BETA.INV` a probabilidade cumulativa de 0,9292 e o número de sucessos e falhas (18 e 31). Ela retorna 0,47. Portanto, a relação entre `BETA.DIST` e `BETA.INV` é inversa. Você fornece um quantil para `BETA.DIST` e ela retorna a probabilidade associada. Você fornece uma probabilidade para `BETA.INV` e ela retorna o quantil associado.

Apesar da estreita relação entre as funções `BETA.DIST` e `BETA.INV`, a analogia não é perfeita. `BETA.INV` não aceita um argumento *cumulativo*. `BETA.DIST` aceita, e é obrigatório: não há valor padrão para *cumulativo* em `BETA.DIST`.

Além disso, as funções `BETA.DIST` e `BETA.INV` recebem o número de sucessos (por exemplo, caras) e o número de falhas (por exemplo, coroas) como argumentos. Mas tanto `BINOM.DIST` quanto `BINOM.INV` tomam o número de sucessos (por exemplo, cara) e o número de *tentativas* (por exemplo, cara mais coroa) como argumentos. É difícil ver como isso faz diferença, e a Microsoft poderia ter escolhido usar o mesmo par em cada função apenas para consistência, mas não o fez e agora você sabe.

Comparando a Distribuição Beta com a Distribuição Binomial

Talvez a distinção mais saliente entre as distribuições binomial e beta seja a natureza dos quantis que dividem a área total sob a curva em setores. Em uma distribuição binomial, os setores são discretos e variam em tamanho relativo desde relativamente grandes (os quartis segmentam a área total em quartos e a mediana — ou o 50º percentil — a divide ao meio) a relativamente pequenos (os percentis segmentam a área total em centésimos). Uma distribuição beta, ao contrário, pode ser estabelecida, em teoria, dividindo um número infinito de quantis de modo que eles definam um número infinito de segmentos.

Isso é tanto uma má quanto uma boa notícia. A boa notícia sobre a distribuição beta é que você pode identificar exatamente onde na distribuição qualquer valor determinado cai, até o grau mais mínimo de precisão que sua régua de medição fornece. Em contraste, a distribuição binomial não informa necessariamente o percentil específico ao qual um determinado valor pertence.

Por exemplo, consulte a Figura 2.4. Lá você pode ver que uma amostra com apenas uma unidade com defeito pode pertencer ao quantil 0.01, 0.02 ou 0.03. Você pode usar a distribuição beta para identificar o quantil de um evento com qualquer grau de precisão que desejar. Mais precisão nem sempre é necessária, é claro, mas é bom tê-la disponível quando necessário.

A má notícia — e, na verdade, não é de todo ruim — sobre a natureza contínua dos quantis da distribuição beta é que um pouco de computação extra é necessária. Daremos uma olhada em alguns dos cálculos por trás de cada distribuição. Primeiro, uma revisão do que o Capítulo 2 tem a dizer sobre como o binômio é calculado.

Dois valores são particularmente importantes ao considerar qualquer distribuição de probabilidade, seja binomial, beta, normal, Poisson, não importa qual: a função de densidade de probabilidade (PDF) e a função de massa de probabilidade (PMF).

Como mostra a Figura 2.6, a fórmula para a PDF da distribuição binomial é

```
nCr  *  p ^ r * [(1 - p) ^ (n - r)]
```

onde:

- *n* pode ser o número de vezes que você lança uma moeda.
- *p* pode ser a probabilidade de obter cara.
- *r* pode ser o número de vezes que você realmente tira cara em *n* lançamentos.
- *nCr* é o número de combinações de *n* eventos, tomados *r* eventos de cada vez. O Excel fornece isso com uma função muito prática: `=COMBIN(n,r)`.

Portanto, o primeiro fator na equação, `nCr`, determina o número de maneiras pelas quais *n* eventos podem ser combinados em grupos de eventos, cada um de tamanho *r*. Por exemplo, existem 1.330 maneiras de combinar 21 moedas em grupos de três caras cada: `=COMBIN(21,3)`. E o segundo e terceiro fatores na equação, `p ^ r` e `[(1 – p) ^ (n – r)]`, determinam a probabilidade (`p`) da ocorrência de vários eventos e a probabilidade da não ocorrência (`1 – p`) do mesmo número de eventos. Como se supõe que os eventos sejam independentes um do outro, sua probabilidade conjunta é igual ao seu produto. Assim, `p ^ 3 = p * p * p` e, para sua probabilidade de não ocorrência, `(1 – p) ^ 3 = (1 – p) * (1 – p) * (1 – p)`.

NOTA

> Tenha em mente que todos os eventos em um determinado quantil têm, por definição, a mesma probabilidade de ocorrência; portanto, os conjuntos de cara ou coroa que compreendem o quantil 0,3 têm a mesma probabilidade de dar cara — ou seja, 30%.

Agora compare a fórmula para a distribuição binomial com a fórmula para a PDF da distribuição beta, que é fornecida aqui:

```
PDF = [p ^ (α – 1) * (1 – p) ^ (β – 1)] / beta(α, β)
```

Odeio fazer isso com você, mas não posso evitar. Eu adiei o máximo possível, mas neste ponto precisamos encarar o fato de que esse tipo de análise tem algumas deficiências terminológicas sérias. Elas não atrapalham quando você deseja analisar dados, mas são obstáculos para entender o que está acontecendo dentro da caixa preta. Lembre-se de que o Excel e o R cuidam desse tipo de coisa para você.

Primeiro: a fórmula PDF que acabamos de fornecer retorna uma distribuição beta. Ela informa a quantidade de observações que você pode esperar quando os resultados de sua tentativa falham em seguir perfeitamente a expectativa de longo prazo — por exemplo, com que frequência você pode esperar que doze lançamentos de uma moeda justa resultem em quatro caras e oito coroas em vez de seis de cada.

De acordo, mas a distribuição beta usa algo chamado de *função beta*, que é a parte final — ou seja, o denominador — da fórmula para a PDF:

```
beta(α, β)
```

Portanto, não apenas a distribuição é chamada de beta, a função e um de seus dois argumentos também são. Os dois argumentos para a função beta, α e β, são como aparecem no numerador da função PDF. Ou seja, α é o número de sucessos e β é o número de falhas. Se você estivesse analisando os lançamentos de um dado de seis lados, esperaria que, no longo prazo, ele saísse três 1/6 (ou seja, α) do tempo e algum outro valor 5/6 (ou seja, β) do tempo.

E o que é a função beta? Ela usa a função gama. Gama é representado pela letra grega Γ nesta fórmula:

```
beta(α, β)= Γ(α) * Γ(β) / Γ(α + β)
```

A PDF da *distribuição binomial* usa a fórmula nCr para determinar o número de combinações de sucessos em uma série de tentativas. A fórmula nCr faz isso usando fatoriais simples, os quais são definidos apenas para números inteiros, enquanto a marca registrada da *distribuição beta* é que seus quantis podem representar quantidades fracionárias. A função Γ nos leva além desse obstáculo. (A função Γ faz parte do kit de ferramentas do Excel na forma da função `GAMMA`.)

A Figura 3.1 mostra que a fórmula de número bruto para a PDF da distribuição beta é equivalente à função `BETA.DIST` do Excel.

Figura 3.1
É muito mais fácil usar a função `BETA.DIST` do Excel do que construir a análise do zero.

B5 | =BETA.DIST(@Quantiles,Wins,Losses,FALSE)

	A	B	C	D	E	F	G	H
1	Vitórias	10						
2	Derrotas	7						
3								
4	Quantis	=BETA.DIST()		Numerador	Função Beta	PDF Beta		PDF como percentual
5	0	0.00000		0.000000	0.00001	0.00000		0.00%
6	0.1	0.00004		0.000000	0.00001	0.00004		0.00%
7	0.2	0.01075		0.000000	0.00001	0.01075		0.11%
8	0.3	0.18544		0.000002	0.00001	0.18544		1.85%
9	0.4	0.97943		0.000012	0.00001	0.97943		9.79%
10	0.5	2.44385		0.000031	0.00001	2.44385		24.44%
11	0.6	3.30556		0.000041	0.00001	3.30556		33.06%
12	0.7	2.35578		0.000029	0.00001	2.35578		23.56%
13	0.8	0.68788		0.000009	0.00001	0.68788		6.88%
14	0.9	0.03102		0.000000	0.00001	0.03102		0.31%
15	1	0.00000		0.000000	0.00001	0.00000		0.00%

A Figura 3.1 exige alguma explicação. O ponto principal é que a PDF da distribuição beta, como calculada pela função `BETA.DIST` do Excel, retorna exatamente os mesmos resultados que a fórmula da PDF. Compare os resultados da função mostrados no intervalo B5:B15 com os de F5 a F15: eles são idênticos.

Eu nomeei algumas células importantes na planilha apresentada na Figura 3.1 para tornar a função e a fórmula um pouco mais fáceis de seguir. Os nomes e suas referências são

- *Wins*: Célula B1. Isso fornece um dos dois valores em uma distribuição binomial. Eu a rotulei como *Wins* [vitórias], mas poderia facilmente ser *Survives* [sobrevive] ou *Defective* [com defeito]. O valor na célula B1 na Figura 3.1 é 10.
- *Losses*: Célula B2. Isso fornece outro dos dois valores em uma distribuição binomial. Eu a rotulei como *Losses* [perdas], mas poderia facilmente ser *Fails to Survive* [não sobrevive] ou *Acceptable* [aceitável]. O valor na célula B2 na Figura 3.1 é 7.
- *Quantiles*: Intervalo A5:A15. Este intervalo contém uma série de quantis, neste caso, cada um representando um décimo do intervalo da curva: aqui, 0.0 a 1.0. Outros quantis que você pode ver ou usar são quartis, quintis (um pouco raramente) e percentis. Os valores no intervalo A5:A15 são 0, 0.1, 0.2, ... , 0.9, 1.
- *Betadist*: Intervalo B5:B15. Este intervalo contém a função principal do Excel para retornar a PDF, `BETA.DIST`. Existem onze instâncias da seguinte função em B5:B15:

  ```
  = BETA.DIST(@Quantiles,Wins,Losses,FALSE)
  ```

- *Numerator*: Intervalo D5:D15. Os valores neste intervalo são análogos aos da PDF da distribuição binomial. Os valores do numerador ajudam a quantificar a contagem de casos em cada ponto possível no eixo horizontal da distribuição — para a distribuição binomial, esses são valores finitos e mensuráveis, como tirar um três em um dado de seis lados; para a distribuição beta, eles são um número teoricamente infinito de valores contínuos. Existem onze instâncias da seguinte função em D5:D15:

  ```
  =@Quantiles^(Wins-1)*(1-@Quantiles)^(Losses-1)
  ```

- *Beta_function*: Intervalo E5:E15. A função beta é definida na seção anterior. Seu objetivo na proporção que retorna a PDF beta é ajudar a *normalizar* a proporção: ou seja, fazer com que as probabilidades individuais totalizem 1 ou 100%. A função beta é uma razão de valores para a função gama (representada aqui como Γ), que aplica o cálculo fatorial a números complexos. Lembre-se de que a PDF binomial calcula os fatoriais de contagens de eventos, que são inteiros e, portanto, discretos. Existem onze instâncias de apenas uma fórmula para a função beta neste intervalo:

```
Γ( Wins ) * Γ( Losses ) / Γ( Wins + Losses )
```

- Você obterá as proporções mostradas em B5:B15 se, após dividir o numerador pela função beta, dividir o resultado pelo número de quantis, menos 1. Você encontrará esse último cálculo em H5:H15 da Figura 3.1.

ESTUDO DE CASO: O SINAL @ E A INTERSEÇÃO IMPLÍCITA

Observe que, na Figura 3.1, os valores em B5:B15 são idênticos aos de F5:F15 (permitindo as diferenças entre formatação decimal versus percentual). Os valores em B5:B15 são calculados por meio da função BETA.DIST do Excel: ou seja, é feita uma seleção múltipla, abrangendo o intervalo B5:B15, e digitada a seguinte fórmula via Ctrl + Enter:

```
=BETA.DIST(@Quantiles,Wins,Losses,FALSE)
```

Se você estiver usando a mesma versão do Excel há algum tempo, talvez não tenha visto o operador @, pois é usado na função anterior. Você usa esse operador (aqui, @) para informar ao Excel que o nome ou a referência a seguir (aqui, Quantiles) intercepta a função ou fórmula que faz referência a ele.

Portanto, neste caso, o intervalo denominado Quantiles em A5:A15 ocupa as mesmas linhas que a função BETA.DIST em B5:B15. Isso permite que o Excel use a primeira linha de Quantiles como um argumento na primeira linha de BETA.DIST, a segunda linha de Quantiles como um argumento na segunda linha de BETA.DIST, e assim por diante, da linha 5 até a linha 15 da planilha Essa disposição garante que o Excel usará o valor adequado em Quantiles com a linha adequada ocupada por BETA.DIST.

Ao mesmo tempo, você não precisava fazer nada de especial (além de alinhar os intervalos corretamente) para invocar esse recurso. Esperava-se que o Excel soubesse o que fazer quando intervalos ocupavam as mesmas linhas ou colunas e um intervalo fazia uso de outro. O recurso foi então chamado de *interseção implícita*. No entanto, outras alterações que a Microsoft fez na linguagem da fórmula do Excel exigiram que o @ saísse de trás dos arbustos e aparecesse na fórmula ou função em que é usado, assim como é feito na função anterior descrita nesta barra lateral.

A Figura 3.2 retém os quantis em A5:A15 mostrados na Figura 3.1 e repete os resultados retornados pela função BETA.DIST do Excel em B5:B15. Esses resultados são divididos por 10 (para normalizar) e formatados como porcentagens em D5:D15.

Figura 3.2
Organizar as porcentagens retornadas por `BINOM.DIST` ou `BETA.DIST` é chamado de normalização dos dados.

D10 | =B10/10

	A	B	C	D	E
1	Vitórias	10			
2	Derrotas	7			
3					
4	Quantis	=BETA.DIST()		PDF como percentual	
5	0	0.00000		0.00%	
6	0.1	0.00004		0.00%	
7	0.2	0.01075		0.11%	
8	0.3	0.18544		1.85%	
9	0.4	0.97943		9.79%	
10	0.5	2.44385		24.44%	
11	0.6	3.30556		33.06%	
12	0.7	2.35578		23.56%	
13	0.8	0.68788		6.88%	
14	0.9	0.03102		0.31%	
15	1	0.00000		0.00%	

Observe que quando os valores em B5:B15 são divididos por 9.99975 e formatados como porcentagens, eles totalizam 100%. (A diferença entre 9.99975 e 10.0 se deve a erros muito pequenos de arredondamento nas computações dos cálculos.) Esta é uma característica útil, porque quando estamos falando sobre probabilidades de eventos e eles são mutuamente exclusivos e exaustivos, queremos que suas porcentagens de ocorrência totalizem 1 (equivalente a 100%).

As funções `BINOM.DIST` e `BETA.DIST` do Excel e as funções `dbinom` e `dbeta` em R mantêm os tamanhos relativos dos valores em cada quantil (consulte a Figura 3.3).

Figura 3.3
Os resultados na coluna D foram normalizados.

D7 | =B7/SUM(B$5:B$9)

	A	B	C	D	E	F	G
1	Vitórias	10					
2	Derrotas	7					
3							
4	Quantis	=BETA.DIST()		PDF como percentual			
5	0	0.00000		0.00%			
6	0.25	0.05437		1.37%			
7	0.5	2.44385		61.62%			
8	0.75	1.46796		37.01%			
9	1	0.00000		0.00%			
10							
11							
12	Total:	3.96618		100.00%			

Na Figura 3.3, observe que reduzi o número de quantis de 11 para 5, criando um intervalo inclusivo que mostra seus limites inferior e superior. Os valores retornados por `BETA.DIST` em B5:B9 agora totalizam 3.9662. Se você dividir os resultados de `BETA.DIST` em B5:B9 por esse total, ou por 4, obterá os resultados normalizados mostrados em D5:D9: resultados que mais uma vez totalizam 100%. A normalização dos resultados de `BINOM.DIST` ou `BETA.DIST` geralmente é útil porque você tem uma melhor compreensão do que significa, digamos, "Pontuações entre 40 e 50 estavam entre o primeiro e o segundo quantis", do que quando você não souber a proporção de valores que estão dentro desse intervalo.

Sobre o tópico de quantis, lembre-se de que geralmente é útil mapear os resultados de `BETA.DIST` e `BINOM.DIST`, apenas para entender melhor a natureza da distribuição. Normalmente, há pouco custo envolvido em aumentar o número de quantis se tudo o que você precisa fazer é dizer ao seu software para executar seus cálculos em cem em vez de cinco quantis. A Figura 3.4 mostra a mesma distribuição beta da Figura 3.3.

O gráfico na Figura 3.4 é sugestivo, mas impreciso. Compare-o com o gráfico da Figura 3.5, que se baseia em 100 quantis, de modo que cada quantil está 1% adiante na distribuição. O gráfico da Figura 3.5 apresenta um quadro muito mais preciso do que o gráfico da Figura 3.4.

Figura 3.4
O gráfico pode ser enganoso se mostrar poucos quantis.

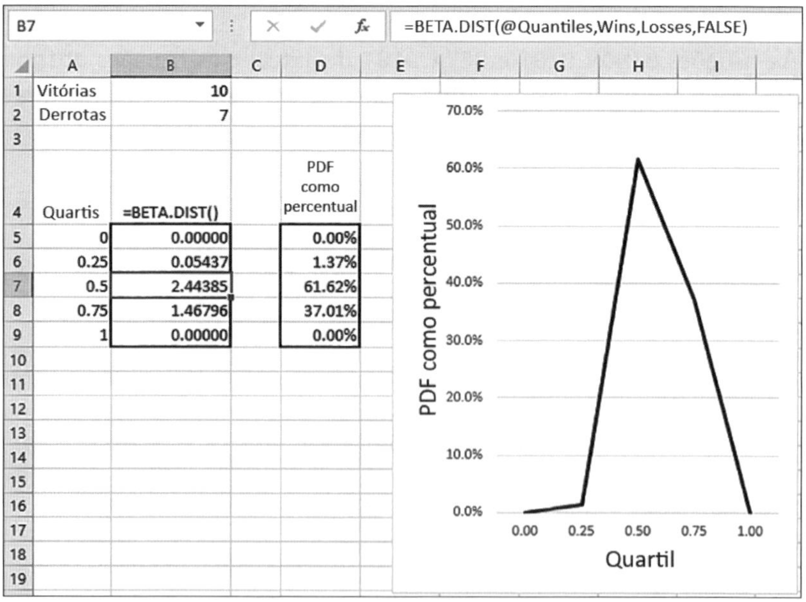

Figura 3.5
Este gráfico é uma representação muito melhor de como é a distribuição beta com 10 sucessos em 17 tentativas.

	A	B	C	D
1	Vitórias	10		
2	Derrotas	7		
3				
4	Quantis	=BETA.DIST()		PDF como percentual
5	0	0.00000	0.00%	0.00%
6	0.01	0.00000		0.00%
7	0.02	0.00000		0.00%
8	0.03	0.00000		0.00%
9	0.04	0.00000		0.00%
10	0.05	0.00000		0.00%
11	0.06	0.00000		0.00%
12	0.07	0.00000		0.00%
13	0.08	0.00001		0.00%
14	0.09	0.00002		0.00%
15	0.1	0.00004		0.00%
16	0.11	0.00009		0.00%
17	0.12	0.00019		0.00%
18	0.13	0.00037		0.00%
19	0.14	0.00067		0.00%

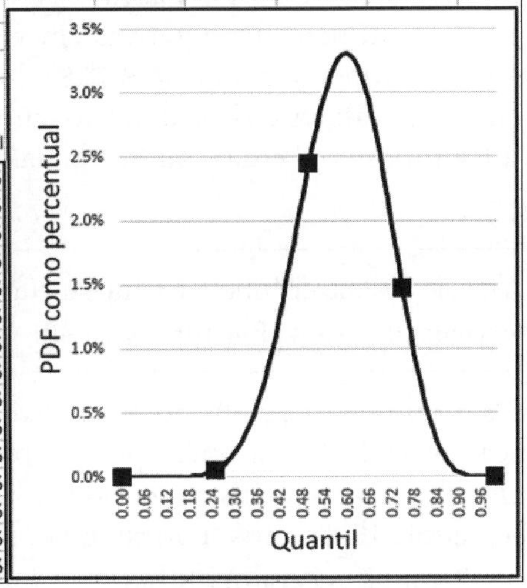

O gráfico da Figura 3.5 mostra os 100 quantis na coluna A como uma linha curva. Ela também mostra os cinco quantis da Figura 3.4 como quadrados individuais que caem diretamente sobre a curva. Se tudo o que você visse fossem os quadrados, o olho da sua mente poderia preencher os dados que faltam de maneira muito diferente.

Decodificando a Documentação de Ajuda do Excel para BETA.DIST

Aqui está o que a Ajuda do Excel tem a dizer sobre o segundo e o terceiro argumentos da função `BETA.DIST`:

- **Alfa:** Obrigatório. Um parâmetro da distribuição.
- **Beta:** Obrigatório. Um parâmetro da distribuição.

Quando li isso pela primeira vez, não sabia dizer do que se tratava. Admitindo que alfa e beta são parâmetros da distribuição beta, quais são eles? A média e a variância? A mediana e a assimetria? P-barra e teta? Agora eu pergunto a você.

Depois de algumas experiências (e um tour pouco esclarecedor pelo Google), descobri que alfa e beta estão relacionados à média, dispersão e outras medidas descritivas, mas apenas um pouco. Com a distribuição binomial, ainda estamos trabalhando com dois valores, A e Não A, portanto Verdadeiro e Falso, Vitória e Perda, Venda e Não Venda, mas fornecemos o número de tentativas em vez do número de perdas como o segundo argumento para `BINOM.DIST`. Na distribuição beta, *Alfa* refere-se a um desses valores e *Beta* ao outro, então são 10 Verdadeiros e 7 Falsos, ou 10 Vitórias e 7 Perdas, ou 10 Vendas e 7 Não Vendas.

NOTA

> A média de uma distribuição beta é $\alpha / (\alpha + \beta)$.
> Sua variância é $\alpha \beta / [(\alpha + \beta)^2 (\alpha + \beta + 1)]$.

Os argumentos A e B do Excel (o quinto e o sexto argumentos da função `BETA.DIST`) também podem parecer um pouco misteriosos no início. Eles são opcionais e você pode usá-los para restringir a análise a um subconjunto de quantis. Por exemplo, considere a análise da Figura 3.5.

As fórmulas na coluna B são

```
=BETA.DIST(@Quantiles,Wins,Losses,FALSE)
```

Observe que os argumentos A e B estão ausentes; nesse caso, o padrão é 0.0 e 1.0. Para restringir a análise aos quantis de 0.01 a 0.10, use estas fórmulas nas mesmas linhas dos quantis de interesse:

```
=BETA.DIST(@Quantiles,Wins,Losses,FALSE,0.01,0.10)
```

O Excel retorna o valor de erro #NUM! sempre que o quantil associado estiver fora do intervalo delimitado pelos argumentos A e B (consulte a Figura 3.6).

Figura 3.6
Esta análise foi deliberadamente limitada aos primeiros quantis.

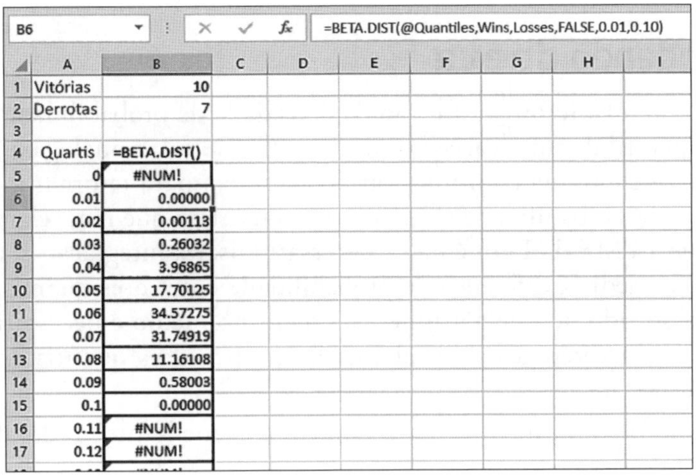

Replicando a Análise em R

O R tem várias funções que pertencem à distribuição beta, análogas àquelas que pertencem à distribuição binomial discutida no Capítulo 2. As funções de distribuição beta em R incluem `dbeta`, `pbeta`, `qbeta`, e `rbeta`.

Usando R, você pode inserir muitas instruções diretamente na janela do Console, onde elas são executadas imediatamente. Às vezes, porém, o R espera para fazer qualquer coisa até que você termine uma entrada de várias linhas, como um loop `For`. Portanto, você pode decidir inserir seu código na janela de script do R. A partir daí, pode optar por executar seu código uma linha por vez ou todo o conjunto de comandos imediatamente.

Para fazer essa escolha, siga uma destas etapas:

- Para executar uma ou mais linhas de código, clique na linha (ou selecione as linhas) na janela do script e escolha Editar, Executar Linha Ou Seleção.
- Para executar todas as linhas de código na janela de script, comece certificando-se de que a janela de script esteja ativa. (Isso é para garantir que os comandos necessários estejam disponíveis no menu do R.) Em seguida, escolha Executar Tudo. Você não precisa começar

selecionando todo o conjunto de instruções ou a primeira instrução em um bloco de código.

Entendendo `dbeta`

A função `dbeta` retorna a função de densidade de probabilidade (PDF) para o quantil de uma variável contínua. Como tal, é análoga à função `dbinom`, que é usada com uma variável discreta para retornar a função de massa de probabilidade (PMF). A característica que mais claramente distingue a PMF da PDF é que é necessário usar a integração com uma PDF para medir a diferença de probabilidade entre dois quantis. Nada mais sofisticado do que a aritmética do ensino médio é necessário para quantificar a diferença de probabilidade entre dois quantis em uma escala discreta.

A lista de argumentos para `dbeta` é semelhante à de `dbinom` do Capítulo 2:

```
dbinom(x, size, prob, log = FALSE)
```

onde *x* é um quantil como 0,1666, distinguível e discreto como um lado em um dado de seis lados, *size* é um número de tentativas, *prob* é a probabilidade teórica para uma única tentativa (digamos, 50% para um cara ou coroa ou 16,67% para o lançamento de um dado) e *log*, se FALSE ou omitido, retorna o número resultante de sucessos em tentativas de *size*, ou o log desse número se TRUE.

Você poderia então inserir os seguintes comandos na janela de script do R. Quando você inicia o R, a janela do console é exibida. Escolha Arquivo, Novo Script para exibir uma nova janela de script e insira o código a seguir (consulte a Figura 3.7).

Figura 3.7
Escolha Arquivo, Novo Script para abrir uma nova janela do Editor R.

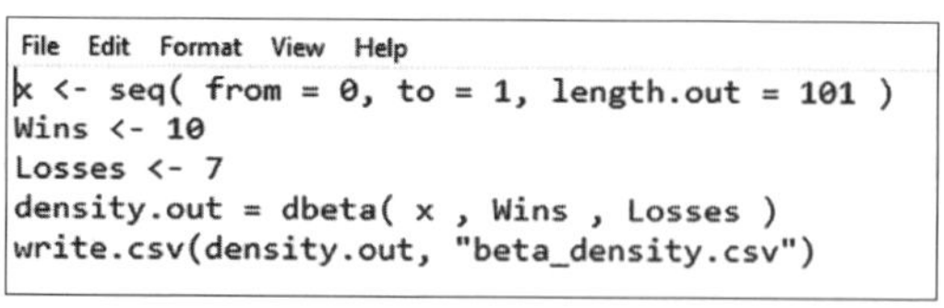

Clique na janela do Editor R para certificar-se de que está ativo e, em seguida, escolha Executar Tudo no menu Editar do R. Os comandos que você digitou serão repetidos, juntamente com quaisquer mensagens do sistema, no console. Se tudo correr bem, um novo arquivo chamado beta_density.csv será gravado em seu diretório de trabalho. Ele contém os resultados das funções `dbeta`. Você pode abrir um arquivo csv usando o Excel (basta clicar duas vezes nele) ou pode usar um editor de texto como o Bloco de Notas para abri-lo.

O arquivo é mostrado (com um gráfico adicionado no Excel) na Figura 3.8.

Figura 3.8
Usei o comando Texto para Colunas do Excel para converter as saídas de R no arquivo beta_density.csv em números que poderiam ser representados em gráficos.

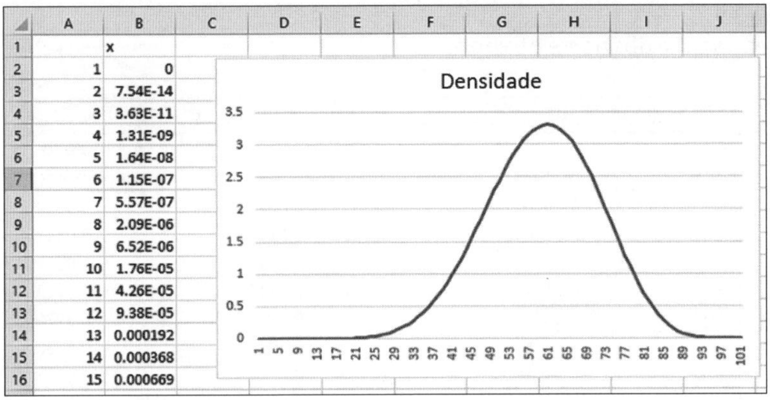

Entendendo `pbeta`

Você deve se lembrar do Capítulo 2, o qual demonstra que você pode obter a distribuição binomial *cumulativa* para uma variável discreta usando a função `pbinom`. Revisitaremos um exemplo do Capítulo 2. Comece abrindo uma nova janela de script e inserindo os seguintes comandos:

```
successes = seq(0, 10, by = 1)
probabilities = dbinom(successes, size=10,.5)
write.csv(probabilities,"dbinom_out.csv")
```

Em seguida, escolha Editar, Executar Tudo para executar esses comandos. Um novo arquivo csv é gravado em seu diretório de trabalho.

Agora edite seu código na janela de script para que fique assim (mostrei as duas alterações em negrito):

```
successes = seq(0, 10, by = 1)
probabilities = pbinom(successes, size=10,.5)
```

```
write.csv(probabilities,"pbinom_out.csv")
```

Se você abrir os dois arquivos csv, dbinom_out.csv e pbinom_out.csv, verá o que é mostrado na Figura 3.9. (Combinei os dois arquivos de resultados em uma planilha para facilitar a comparação em um valor.) Os resultados do uso da função `dbinom` de R estão no intervalo B3:B13. Eles mostram a proporção esperada de tentativas que terão o mesmo número de sucessos que o quantil associado em A3:A13. Assim, por exemplo, você esperaria que 0.2051 das tentativas tivessem cinco ocorrências de eventos com uma probabilidade de 50% (Figura 3.9, A7:B7).

Figura 3.9
Diferenças entre `dbinom` e `pbinom`.

	A	B	C	D	E	F	G
1							Acumulado
2	x	dbinom()		x	pbinom()		em dbinom()
3	1	0.0010		1	0.0010		0.0010
4	2	0.0098		2	0.0107		0.0107
5	3	0.0439		3	0.0547		0.0547
6	4	0.1172		4	0.1719		0.1719
7	5	0.2051		5	0.3770		0.3770
8	6	0.2461		6	0.6230		0.6230
9	7	0.2051		7	0.8281		0.8281
10	8	0.1172		8	0.9453		0.9453
11	9	0.0439		9	0.9893		0.9893
12	10	0.0098		10	0.9990		0.9990
13	11	0.0010		11	1.0000		1.0000

Os resultados do uso da função `pbinom` do R estão no intervalo E3:E13. Os valores ali são somas cumulativas: ou seja, o valor 0.1719 na célula E6 é a soma dos quatro primeiros quantis, de x = 1 a x = 4 em B3:B6.

Você pode verificar isso facilmente examinando as células no intervalo G3:G13 na Figura 3.9. Lá, as somas de probabilidade cumulativas são obtidas adicionando a soma anterior à probabilidade do quantil atual. Assim, a fórmula =G5+B6 na célula G6 é a soma anterior em G5 mais a probabilidade para o quantil 4 na célula B6. Você pode evitar o trabalho de acumular totais de probabilidade, como na coluna G, usando `pbinom` para começar, antes de sair do R.

Dito isso, você pode usar um procedimento análogo — `pbeta` em vez de `pbinom` — se estiver trabalhando com uma variável contínua em vez de uma variável discreta. Dê uma olhada na Figura 3.10.

Figura 3.10
Para obter uma soma cumulativa de probabilidades usando uma variável contínua — não uma discreta —, use integração em vez de adição simples.

	A	B	C	D	E	F	G	H
1	Vitórias	10						
2	Derrotas	7						
3				Executando a soma				Com
4		dbeta		ac. dbeta		pbeta		integração
5	0	0.00000		0.00000		0.00000		0.00000
6	0.1	0.00000		0.00000		0.00000		0.00000
7	0.2	0.00107		0.00108		0.00025		0.00025
8	0.3	0.01854		0.01962		0.00713		0.00713
9	0.4	0.09794		0.11757		0.05832		0.05832
10	0.5	0.24438		0.36195		0.22725		0.22725
11	0.6	0.33056		0.69251		0.52717		0.52717
12	0.7	0.23558		0.92808		0.82469		0.82469
13	0.8	0.06879		0.99687		0.97334		0.97334
14	0.9	0.00310		0.99997		0.99950		0.99950
15	1	0.00000		0.99997		1.00000		1.00000

Na Figura 3.10, o intervalo B5:B15 mostra a discriminação da probabilidade total de dezessete eventos (dez sucessos e sete falhas) de acordo com a função `dbeta` do R. O intervalo D5:D15 contém a soma das probabilidades nos quantis anteriores mais a probabilidade do quantil atual — às vezes chamada de *soma contínua*. É assim que calculamos as probabilidades cumulativas para uma variável discreta, usando `dbinom` e `pbinom` na Figura 3.9.

O problema é que as somas correntes em D5:D15 não correspondem aos resultados de `pbeta` em F5:F15. Mas a documentação diz que `pbeta` retorna os valores cumulativos de densidade de probabilidade.

E assim acontece. O que a abordagem de soma contínua para acumulação omite são aqueles quantis entre os dez usados no presente exemplo. Tenha em mente que você pode dividir uma variável contínua em um número teoricamente infinito de valores. Cada quantil que adicionamos à análise torna a soma um pouco mais precisa, mas a aritmética nunca pode torná-la uma acumulação perfeitamente precisa. Sempre há outro quantil que você pode adicionar a um contínuo de um número infinito de valores. É uma variação do Paradoxo de Aquiles.

A função `pbeta` em R é altamente precisa (nenhum cálculo é perfeitamente preciso), e o método de soma contínua começa um tanto quanto impreciso, mas se torna mais preciso à medida que mais quantis são adicionados ao problema. Para demonstrar isso, você pode executar um conjunto simples de instruções em R, que usei para calcular os valores mostrados em H5:H15 da Figura 3.10. Observe que eles são idênticos aos valores produzidos por `pbeta` em F5:F15. Para o exemplo da Figura 3.10, o código utilizado é o seguinte:

```
p <- seq(0, 1, length=11)
for(i in 1:11) {
  x=integrate(function(p) dbeta(p, 10, 7),  0, p[i])
  print (x)
}
```

O código instrui R a calcular a integral que mede a área sob a curva da distribuição beta entre zero e cada quantil armazenado em p — ou seja, os quantis 0.0, 0.1, 0.2 e assim por diante. Essas áreas são a probabilidade total associada a eventos que ocorrem entre zero e cada um dos quantis processados. Depois que cada integral é calculada e armazenada temporariamente em x, a integral é impressa no console do R, juntamente com uma estimativa do erro (geralmente minúsculo) associado ao cálculo de cada integral.

Mas é mais fácil usar `pbeta`.

Entendendo `qbeta`

A função `qbeta`, bem como a função `qbinom` correspondente para variáveis discretas, retorna um quantil quando você fornece uma probabilidade. Por exemplo, este comando:

```
qbeta(.6, 10, 7)
```

retorna um quantil de 0.622. Traduzindo: com alfa igual a 10 e beta igual a 7, uma probabilidade de 0.6 está associada a um quantil de 0.622 na distribuição beta.

Você pode tentar verificar isso por meio da função `dbeta` com 0.622 como quantil:

```
dbeta(0.622,10,7)
```

mas isso retorna um valor (normalizado) de 0.326, não o 0.6 que `qbeta` pode ter levado você a esperar. Mas lembre-se de que, embora `dbeta` retorne probabilidades, elas são estimativas pontuais, e não probabilidades *cumulativas* e, portanto, não são aditivas entre os quantis. Por outro lado, se você inseriu a função para uma probabilidade cumulativa:

```
pbeta(.622,10,7)
```

ela retornaria 0.6 como esperado. A Figura 3.11 mostra a PDF para a distribuição beta com um alfa de 10 e um beta de 7. Você pode duplicar os resultados mostrados na Figura 3.11 executando as cinco linhas de código mostradas na seção anterior.

Figura 3.11
Observe que a probabilidade bruta excede a probabilidade cumulativa até que a média α / (α + β) da distribuição seja atingida.

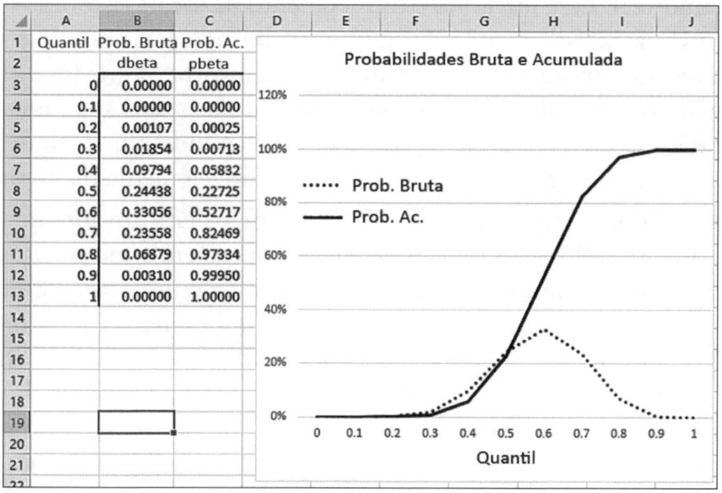

Sobre Intervalos de Confiança

Já é hora de começar a discutir o uso de técnicas Bayesianas em problemas estatísticos. A função `qbeta` do R é um bom ponto de partida devido à sua relação com os intervalos de confiança. Um intervalo de confiança é um subconjunto de uma escala que expressa a variabilidade de valores individuais e a localização de uma estatística (como a média) ao longo dessa escala.

Frequentistas e Bayesianos têm concepções ligeiramente diferentes do significado de um intervalo de confiança, e essas diferenças se refletem no uso de termos alternativos como "intervalo de credibilidade" e "intervalo de compatibilidade". Abordarei essas diferenças, de forma bastante breve, no restante deste capítulo.

A interpretação frequentista tradicional é a seguinte: você tem um valor médio de, digamos, medidas de pressão arterial sistólica tiradas de uma amostra de observações reais. Essa amostra também fornece um desvio padrão dessas observações.

Claro, erros de vários tipos atrapalham. Erro de amostragem, mau funcionamento do equipamento, procedimento inadequado por parte das pessoas que fazem as leituras, alta ansiedade experimentada pelos sujeitos, seus erros na transcrição dos dados — cada um deles contribui de alguma forma para uma estimativa errônea da pressão sistólica média da população mediante a pressão sistólica média da amostra.

Então você decide colocar um intervalo de confiança em torno de sua média amostral. Esse intervalo é um segmento da escala sistólica — digamos, de 115 a 125 — dentro do qual pode ou não estar oculta a média da população, juntamente com a média da amostra. A média da população não está livre das fontes de erro aleatório às quais sua amostra da vida real é suscetível; seu efeito cumulativo responde por qualquer diferença que possa existir entre a média da amostra e a média da população.

Seria melhor se você pudesse colocar as mãos em um lote de amostras — digamos, 99 delas — cada amostra compreendendo sujeitos equivalentes àqueles já amostrados. Você poderia calcular a média de cada amostra e o desvio padrão dessas médias, uma estatística chamada de *erro padrão da média*. Em seguida, poderia colocar o colchete inferior do seu intervalo de confiança um erro padrão abaixo da média da amostra e o colchete superior um erro padrão acima da média da amostra. Se o erro padrão fosse de cinco pontos na escala sistólica, seu intervalo de confiança seria de 115 (faixa inferior) a 120 (média da amostra) e 125 (faixa superior).

Se você fizesse tudo isso, acabaria com um intervalo de confiança de 68%. Sessenta e oito dos intervalos de confiança hipotéticos capturariam a média populacional de 124. Por que 68%? Porque a distribuição das médias amostrais se aproxima de uma curva normal (isso é chamado de *teorema do limite central*), e sabemos que 68% da área de uma curva normal é encontrada entre um desvio padrão abaixo da média e um desvio padrão acima da média.

Acontece que você não precisa coletar essas 99 amostras adicionais, calcular cada valor de média e então obter o desvio padrão dessas médias — ou seja, você não precisa obter o erro padrão da média pela força bruta. Você pode estimar esse erro padrão por meio desta fórmula:

```
Standard Error = Standard Deviation / ( N ^ 0.5 )
```

Em português, isso diz que o erro padrão da média é igual ao desvio padrão da amostra dividido pela raiz quadrada do tamanho da amostra, N.

Você pode mexer nos atributos do intervalo de confiança, e a maioria dos estatísticos faz isso. Por exemplo, você pode alterar o intervalo de confiança original de 68% para um intervalo de confiança de 95% multiplicando o tamanho do erro padrão por 1.96. Acumular probabilidades de 1.96 erros padrão abaixo da média a 1.96 erros padrão acima da média representa 95% da área sob uma curva normal.

Frequentistas também têm uma maneira particular de definir o que um intervalo de confiança retorna. Suponha que você tenha calculado um intervalo de confiança de 95% em torno de sua média amostral de 120 e que o intervalo se estenda de 115 a 125. Portanto, a probabilidade é de 95% de que a média da população seja capturada no intervalo de 115 a 125?

Não. A probabilidade é de 100% ou 0% de que uma média populacional seja capturada por um intervalo de confiança construído em torno de uma determinada média amostral. Ou está entre colchetes ou não está. O que *é* verdade é que 95 de 100 desses intervalos de confiança de 95% — por mais imaginários que 99 deles possam ser — capturam a verdadeira média da população. Simplesmente faz sentido decidir que sua amostra e seu intervalo compreendem um dos 95 intervalos que capturam a média da população, em vez de um dos 5 que não o fazem.

Os intervalos de confiança não são perfeitos. Mas, como escreveu John Tukey, eles ajudam a "esclarecer o 'borrão' essencial do conhecimento experimental".

Aplicando `qbeta` a Intervalos de Confiança

A função `qbeta` do R é quase perfeitamente adequada para calcular intervalos de confiança básicos. Não é necessário calcular o erro padrão, nem multiplicá-lo para obter a probabilidade que se deseja para o intervalo de confiança, nem recorrer ao teorema do limite central para justificar a utilização da curva normal como distribuição de referência. Há alguma preparação que Bayes exige de você, mas é bem rápida e fácil.

Suponha que você pegue uma amostra aleatória de mil eleitores registrados em um determinado distrito eleitoral e pergunte a cada um, entre outras coisas, em quem eles votarão na próxima eleição para a Câmara dos Deputados. Quatrocentos e setenta dizem que votarão no Republicano e 530 no candidato de outro partido.

Você deseja colocar um intervalo de confiança de 90% em torno da média amostral de 47% dos votos Republicanos, para ver se o limite superior do intervalo de confiança fica abaixo de 50%. Nesse caso, o candidato Republicano provavelmente não obteria a maioria absoluta, mas poderia obter a maioria simples. O R pode fornecer os pontos que abrangem um intervalo de confiança de 90%, devido a seus dados de amostra. Como você deseja um intervalo de 90% e simétrico, deseja que o intervalo comece em 5% e termine em 95%. Com base nos dados de sua pesquisa, espera-se que o valor da amostra de 47% que dizem que votarão nos Republicanos fique abaixo da faixa inferior do intervalo de confiança de 90% 5% das vezes e acima da faixa superior 5% das vezes.

Isso representa 5% mais 5% da probabilidade total de 100%, deixando 90% contabilizados dentro do intervalo de confiança. Os colchetes inferior e superior são calculados usando `qbeta` conforme mostrado na Figura 3.12.

Figura 3.12
Você também pode usar os argumentos `lower.tail` e `log.p` para controlar a localização e distribuição dos resultados da função.

Portanto, com esses dados, os limites inferior e superior do intervalo de confiança de 90% são 0.4441 e 0.4960. O intervalo de confiança de 90% falha em abranger o critério de 0.5000 e, portanto, apenas a pluralidade permanece plausível. Somente se o limite inferior de um intervalo de confiança exceder 0.5000, você poderá concluir com 90% de confiança que o Republicano tem a maioria na população de eleitores.

O outro lado da moeda é que o intervalo de 90% não abrange 0.5000, então você não pode esperar uma vitória absoluta com base nesses dados — não com base em um intervalo de confiança de 90%.

Aplicando BETA.INV a Intervalos de Confiança

O Excel também simplifica o cálculo de intervalos de confiança com base em métodos Bayesianos. Em R, você envia uma probabilidade para `qbeta` e recebe um quantil de volta. No Excel, você envia uma probabilidade para `BETA.INV` e obtém um quantil de volta. A Figura 3.13 mostra os dados básicos na linha 3, o limite inferior (resultado e função) na linha 8 e o limite superior (resultado e função) na linha 10.

Figura 3.13
Os limites inferior e superior do intervalo de confiança estão nas células B8 e B10.

	A	B	C
1			
2	N	Republicanos	Outros
3	1000	470	530
4			
5			
6			
7		Intervalo de confiança de 90%	
8		0.4440847	=BETA.INV(0.05,470,530)
9			
10		0.4959836	=BETA.INV(0.95,470,530)

Compare os resultados apresentados para R na Figura 3.12 com os resultados para Excel na Figura 3.13. São idênticos, apesar das grandes diferenças nos caminhos percorridos para chegar aos resultados.

Resumo

Na análise Bayesiana, você é responsável por definir a natureza distributiva das diversas fontes de informação, sejam elas a priori ou por verossimilhança. Isso significa que você está em posição de dizer ao software que os números são distribuídos normalmente ou binomialmente, discretamente ou continuamente, e assim por diante. Você também pode especificar o ponto para o qual os números tendem centralmente e seu grau de dispersão.

Tudo isso significa que você precisa escolher as funções que usa em sua análise com o devido cuidado. Você desejará ter certeza do tipo de distribuição — discreta ou contínua, por exemplo — em uso ao decidir se deve usar uma função que assume uma distribuição beta ou uma que assume uma distribuição binomial. Esta é uma informação crítica para definir a grade.

A intenção do Capítulo 3 é estabelecer a distinção entre variáveis contínuas e variáveis discretas, juntamente com as consequências de como as variáveis podem ser distribuídas se forem contínuas em vez de discretas. Há também consequências para as funções de distribuição pertinentes, como `dbinom` e `dbeta`, `pbinom` e `pbeta`, e assim por diante. Essas questões são críticas no processo de derivação de uma distribuição posterior útil, que geralmente informa o resultado mais preciso.

A aproximação de grade é a primeira etapa no método mais simples de calcular distribuições a posteriori e é a etapa abordada no Capítulo 4.

Aproximação de Grade e a Distribuição Beta

4

NESTE CAPÍTULO

Os capítulos anteriores discutiram, mesmo que brevemente, o método às vezes chamado de *aproximação de grade* e as estruturas numéricas geralmente chamadas de *distribuições binomial* e *beta*. Por mais úteis que sejam essas ferramentas e métodos, é difícil ver como a aproximação de grade pode ser útil na ausência de uma distribuição binomial ou beta, ou uma distribuição binomial na ausência de uma aproximação de grade. Tentarei começar a juntar esses conceitos neste capítulo.

Mais sobre Aproximação de Grade

Em muitas aplicações dos métodos conhecidos coletivamente como técnicas Bayesianas, o fluxo de trabalho formal geralmente começa com uma ou mais suposições sobre os dados. Essas suposições podem ser conjecturas bem fundamentadas, como "uma amostra aleatória de treze cartas de um novo baralho, excluindo curingas, incluirá exatamente quatro cartas de honra: um ás, um rei, uma rainha e um valete".

Ou podem ser pouco mais do que tiros no escuro. Sem dados iniciais para trabalhar, às vezes você deve atribuir a mesma probabilidade (normalmente 1 ou 0) a cada uma de suas estimativas a priori. Mantendo a tradição Bayesiana de cunhar vários termos para o mesmo conceito, isso resulta em uma a priori *não informativa* ou *uniforme* ou *plana*, como a apresentada na Figura 4.1. Então, suas suposições iniciais estão virtualmente certas de estar erradas, mas, pelo menos, você não estará deliberadamente apostando no cavalo errado.

Figura 4.1
Usando a aproximação de grade, é assim que a priori inicial pode aparecer em uma planilha do Excel.

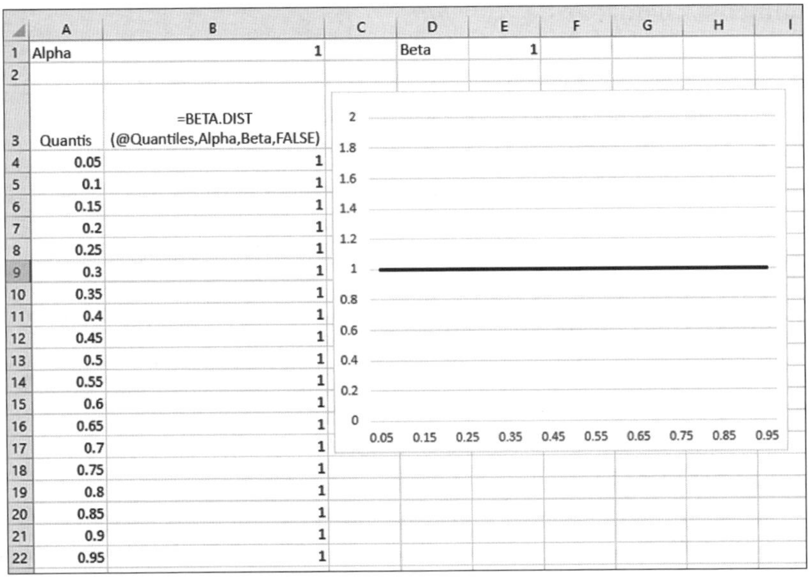

	A	B	C	D	E
1	Alpha	1		Beta	1
2					
3	Quantis	=BETA.DIST (@Quantiles,Alpha,Beta,FALSE)			
4	0.05	1			
5	0.1	1			
6	0.15	1			
7	0.2	1			
8	0.25	1			
9	0.3	1			
10	0.35	1			
11	0.4	1			
12	0.45	1			
13	0.5	1			
14	0.55	1			
15	0.6	1			
16	0.65	1			
17	0.7	1			
18	0.75	1			
19	0.8	1			
20	0.85	1			
21	0.9	1			
22	0.95	1			

A Figura 4.1 mostra uma grade, que é definida pelos quantis da coluna A e pelos valores da coluna B que o analista selecionou. Chama-se grade porque se parece com uma: se você girar a coluna A e a coluna B no sentido anti-horário em 90 graus, as coisas parecerão um pouco mais claras. Seria semelhante a uma distribuição de frequência, com os quantis na parte inferior e a frequência das observações definindo a altura de cada coluna. A questão é que, nessa configuração, a *grade se aproxima* de uma distribuição de frequência.

Na Figura 4.1, o valor 1 é atribuído a cada quantil na grade. Acontece que você pode obter essa sequência de 1s como a priori inicial de sua grade definindo alfa e beta na distribuição Beta como 1. Ou seja, em R, você pode usar a função `dbeta` desta forma:

```
dbeta(quantiles, 1, 1)
```

em que o segundo e o terceiro argumentos definem os argumentos alfa e beta da função, respectivamente, como 1. Ou, se você estiver usando o Excel, poderá usar esta função:

```
=BETA.DIST(@quantiles, 1, 1, FALSE)
```

Em ambos os casos, a função retornará uma sequência de 1s para sua grade. (No entanto, como é sua a priori inicial, você também pode definir o valor a priori de cada quantil como 1 usando um procedimento menos sofisticado, como selecionar uma célula da planilha e inserir 1.)

Definindo A Priori

Ainda assim, muitas vezes haverá *alguma* base, além de uma dispersão aleatória de 1s, para os valores iniciais da primeira a priori em uma análise Bayesiana. Os resultados das pesquisas de boca de urna, as taxas de mortalidade para diferentes procedimentos cirúrgicos, a probabilidade de prisão em uma violação de trânsito por etnia do motorista — se vale a pena investigar uma questão de pesquisa, é provável que você encontre algum tipo de informação preliminar, por mais errada que seja, em relação à frequência de ocorrência de diferentes desfechos.

Configurei as análises nas Figuras 4.1 a 4.7 da mesma maneira. Cada figura mostra um gráfico do Excel da distribuição beta à medida que os valores de alfa e beta são incrementados. Em cada figura:

- A célula B1 contém um valor para alfa. A própria célula é denominada Alfa e o escopo do nome é limitado a essa planilha específica.
- A célula E1 contém um valor para beta. A própria célula é denominada Beta e, novamente, o escopo do nome é limitado a essa planilha específica.
- O intervalo A4:A24 contém os valores dos quantis. O próprio intervalo é denominado Quantis, e o escopo do nome é novamente a planilha que o contém. Em alguns casos, o número de linhas no intervalo varia porque a distribuição beta nem sempre pode lidar com argumentos de 0.0 ou 1.0.
- Cada linha na coluna B contém a seguinte fórmula, que usa os nomes definidos com escopo para a planilha que contém os nomes (em outras palavras, não há nomes no nível da pasta de trabalho):

  ```
  =BETA.DIST(@Quantiles,Alpha,Beta,FALSE)
  ```

  O operador de interseção implícito, `@`, mostra que o valor em Quantis, localizado na mesma linha de cada função `BETA.DIST`, é usado como o primeiro argumento dessa função. Consulte a barra lateral no Capítulo 3 para obter informações mais detalhadas sobre o operador de interseção implícito.

- O valor `FALSE`, que é o quarto dos quatro argumentos necessários para a função `BETA.DIST`, simplesmente informa à função se deve retornar a área cumulativa (o total dos quantis até e incluindo o atual) ou a função de densidade de probabilidade (PDF — a área associada apenas ao quantil atual).

Ao trabalhar com `dbeta`, `dbinom`, ou `BETA.DIST`, tenha em mente que as funções retornam a distribuição de sucessos e falhas (`alpha` e `beta`) em uma faixa de probabilidades definida pelos quantis. Por exemplo, quando você está trabalhando com essas funções, não há necessidade de multiplicar uma estimativa de verossimilhança pela nova a priori para obter uma nova a posteriori. Simplesmente enviando uma probabilidade da grade a priori, Alfa, Beta e um argumento cumulativo, se necessário, você obtém esses valores a posteriori diretamente da função beta ou binomial, seja do R ou do Excel.

Usando os Resultados da Função Beta

O que os resultados da função beta dizem a você? Eles dizem o tamanho *relativo* de um efeito (como a probabilidade de contrair uma doença ou de uma campanha publicitária bem-sucedida na participação de mercado de um produto) em diferentes resultados. Por exemplo, uma campanha publicitária pode alterar a probabilidade de um cliente em potencial estar abaixo do primeiro quartil de 15% para 10%.

NOTA

> É fácil ficar confuso com a prevalência das porcentagens nesse tipo de análise. Os quantis que estruturam sua grade (o 8º percentil, o 3º quartil, a mediana) estão diretamente relacionados à proporção da área sob a curva e entre quaisquer dois quantis. Os quantis dividem o eixo horizontal de uma curva em (normalmente) limites espaçados desigualmente, de modo que os quilômetros percorridos por um carro em uma semana podem ser divididos em segmentos como estes: 100 a 200, 200 a 250, 250 a 280 e assim por diante. Mas a porcentagem de medidas que preenchem cada segmento é invariável de amostra para amostra, mesmo que os quantis se movam para acomodar proporções variáveis de dados.

Como você verá, à medida que itera pelas etapas de um procedimento Bayesiano, os erros na a priori inicial são corrigidos rapidamente. É provável que isso ocorra quando o número de casos na verossimilhança é substancialmente maior do que o número de casos na a priori — nesse caso, você tem o que é chamado de a priori *fraca*, diferente de uma a priori *forte*, que poderia facilmente ter mais casos do que a verossimilhança.

Para começar, defina uma grade para conter os dados conforme eles chegam. Você normalmente faria isso estruturando uma matriz, em um intervalo de células da planilha do Excel ou em um vetor no espaço de trabalho do R. Neste exemplo, esses locais conterão os resultados da amostra inicial a priori *e* os resultados cumulativos da amostragem subsequente. (Essa grade não necessariamente cumpre esse tipo de função dupla, mas pode ser conveniente para isso, especialmente se você estiver escrevendo um código que realizará a análise em vez de manter os cálculos em uma planilha.)

A Figura 4.1 mostra a maneira como uma grade simples pode aparecer em uma planilha do Excel, incluindo os quantis que dão estrutura à grade, os valores a priori iniciais atribuídos a ela e os valores a posteriori. (Estou omitindo a modificação da probabilidade aqui para enfatizar outros aspectos da grade. Você verá como a probabilidade se encaixa com as a priori e a posteriori um pouco mais adiante neste capítulo.)

As Figuras 4.1 a 4.7 mostram como a forma da distribuição beta pode mudar junto com incrementos nos parâmetros `alpha` e `beta`. Na Figura 4.1, o intervalo A4:A22 contém os quantis que dividem a distribuição beta em, neste exemplo, vinte segmentos: 0 a 0.05, 0.05 a 0.10, 0.10 a 0.15 e assim por diante até 0.95 a 1.0. A escolha de quantos quantis chamar é amplamente subjetiva.

Rastreando a Forma e a Localização da Distribuição

Normalmente, cada quantil é representado em um gráfico pelo próprio ponto. Você deseja quantis suficientes para representar um gráfico da distribuição beta com precisão. Mas, particularmente com uma análise como esta que exige apenas um parâmetro, você pode se dar ao luxo de especificar muitos quantis: tal análise é concluída em alguns segundos, no máximo. Eu desejei 20 quantis neste exemplo.

A Figura 4.1 não é uma representação útil de como uma análise Bayesiana pode ajudar você a entender um evento ou uma sequência de eventos. Os valores atribuídos a `alpha` e `beta` são simplesmente muito pequenos, em 1.0 cada, para que a distribuição do gráfico seja informativa. Mas você ainda precisa de um ponto de partida, apenas para ver como uma mudança em `alpha` ou `beta` pode alterar a aparência do gráfico e as informações que ele transmite. Compare o gráfico da Figura 4.1 com o da Figura 4.2.

Figura 4.2
Assim que você sai de uma a priori não informativa (como `alpha = beta = 1`), o gráfico resultante começa a fornecer informações úteis.

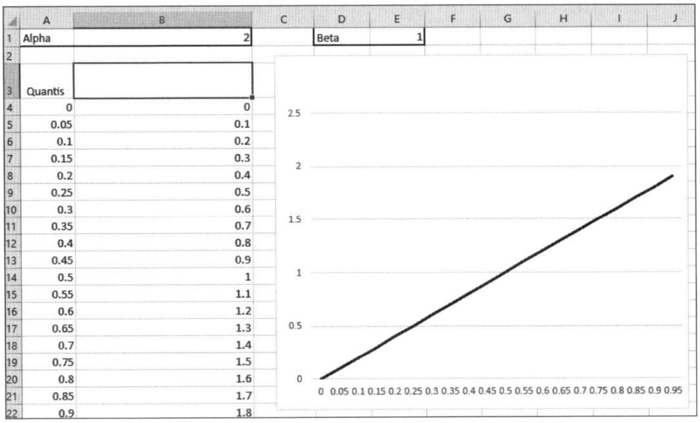

Ao visualizar os dados e gráficos nas Figuras 4.1 a 4.7, tenha estes pontos em mente:

- De uma figura para outra, os valores de `alpha` ou `beta` são incrementados e, portanto, a aparência do gráfico muda de uma figura para outra. Compare a Figura 4.1 com a Figura 4.2. Incrementar `alpha` resulta na moda da curva movendo-se para a direita, e incrementar `beta` leva a moda para a esquerda. É bom lembrar que `alpha` é geralmente interpretado como uma medida de sucessos e `beta` como uma medida de fracassos.
- O valor da moda da curva aumenta sempre que `alpha` ou `beta` é incrementado. Retornos decrescentes de `alpha` ou `beta` crescentes têm o efeito: quanto maior o total de `alpha` e `beta`, menor o efeito que a adição de qualquer um dos parâmetros tem sobre a forma e a localização da curva.
- Quanto mais dados entrarem na função por meio de `alpha` ou `beta`, mais próxima a curva gira em torno do valor da população que você está tentando identificar.

Fazendo o Inventário das Funções Necessárias

Começaremos, como no capítulo anterior, com uma breve revisão das funções de planilha pertinentes no Excel e R. Apenas duas funções no Excel têm a ver com a distribuição binomial (além das funções legadas):

BINOM.DIST, que retorna informações sobre a área sob a curva da distribuição e BINOM.INV, que retorna informações sobre as categorias — ou *quantis* — que compõem a curva. Funções análogas em R incluem (mas não estão limitadas a) dbinom e qbinom.

O padrão que o Excel usa para a distribuição beta é semelhante ao da função dbeta da linguagem R. O Excel oferece uma função BETA.DIST, que retorna uma área associada a um quantil, e uma função BETA.INV, que retorna informações sobre o quantil associado a uma área.

A diferença subjacente entre as distribuições é que as funções binomiais, sejam do Excel, R, Python ou alguma outra fonte de análise binomial, destinam-se ao uso com distribuições construídas com variáveis que assumem um de dois valores. Cada valor é discreto. Curioso sobre um dado de seis lados, você o joga dez vezes, contando o número de vezes que sai 6 e o número de vezes que sai algum outro valor. Você executa o número de seis e o número de "não seis" por meio de uma função binomial.

Por outro lado, seu interesse pode se concentrar em uma variável contínua, como o peso corporal, em vez de uma variável discreta, como vagões de trem. Isso requer uma função beta, não uma binomial. Qualquer coisa que pese 47 quilos tem mais peso do que algo que pese 46 quilos. Mas um lançamento de cara é apenas o outro lado de coroa. O mesmo vale para vagões e olhos de cobra. A pressão arterial é uma variável contínua e uma pressão arterial sistólica de 129,5 tem tanto significado inerente quanto 129 ou 130. Use uma função beta.

Compare a Figura 4.2 com a Figura 4.3.

Figura 4.3
O total de alpha e beta, embora ainda muito pequeno, agora é grande o suficiente para transmitir algumas informações úteis.

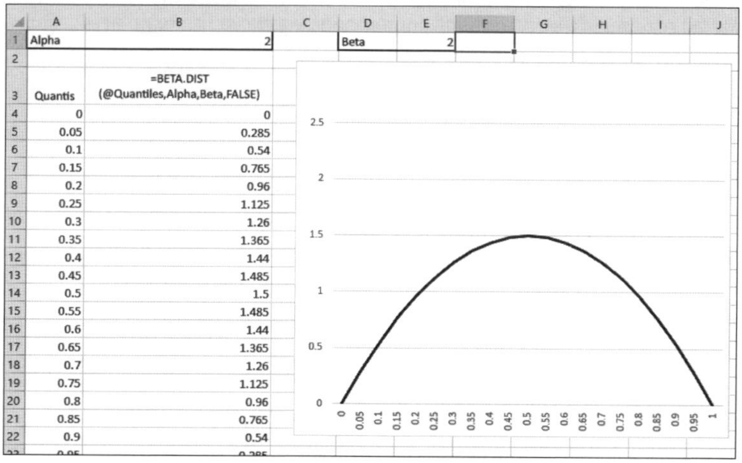

Alpha	2		Beta	2
Quantis	=BETA.DIST (@Quantiles,Alpha,Beta,FALSE)			
0	0			
0.05	0.285			
0.1	0.54			
0.15	0.765			
0.2	0.96			
0.25	1.125			
0.3	1.26			
0.35	1.365			
0.4	1.44			
0.45	1.485			
0.5	1.5			
0.55	1.485			
0.6	1.44			
0.65	1.365			
0.7	1.26			
0.75	1.125			
0.8	0.96			
0.85	0.765			
0.9	0.54			

O padrão que o Excel usa para a distribuição beta é semelhante ao da binomial. O Excel oferece uma função `BETA.DIST`, que retorna uma área associada a um quantil, e uma função `BETA.INV`, que retorna informações sobre o quantil associado a uma área.

A Figura 4.4, comparada com a Figura 4.3, mostra como um gráfico pode fornecer uma noção melhor da distribuição à medida que o número de casos aumenta.

Figura 4.4
Com um `alpha` maior que `beta` e um total maior que 2, a curva começa a se inclinar para a direita.

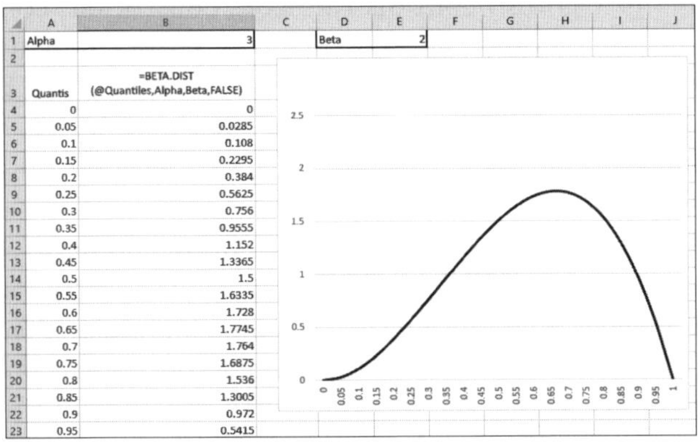

	A	B	C	D	E
1	Alpha	3		Beta	2
2					
3	Quantis	=BETA.DIST (@Quantiles,Alpha,Beta,FALSE)			
4	0	0			
5	0.05	0.0285			
6	0.1	0.108			
7	0.15	0.2295			
8	0.2	0.384			
9	0.25	0.5625			
10	0.3	0.756			
11	0.35	0.9555			
12	0.4	1.152			
13	0.45	1.3365			
14	0.5	1.5			
15	0.55	1.6335			
16	0.6	1.728			
17	0.65	1.7745			
18	0.7	1.764			
19	0.75	1.6875			
20	0.8	1.536			
21	0.85	1.3005			
22	0.9	0.972			
23	0.95	0.5415			

À medida que a quantidade de dados disponíveis aumenta, a curva começa a ganhar precisão sobre a proporção de tentativas que você pode esperar que sejam bem-sucedidas ou malsucedidas. As Figuras 4.4 e 4.5 mostram que, embora você ainda não possa ter certeza, é provável que a distribuição seja assimétrica negativa (ou assimétrica para a esquerda).

Figura 4.5
`alpha` continua aumentando e a curva se inclina mais para a direita.
O total de `alpha` mais `beta` continua aumentando e a curva fica mais alta.

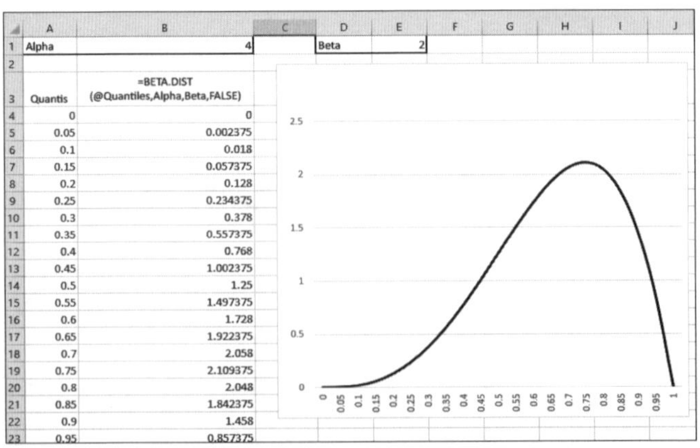

	A	B	C	D	E
1	Alpha	4		Beta	2
2					
3	Quantis	=BETA.DIST (@Quantiles,Alpha,Beta,FALSE)			
4	0	0			
5	0.05	0.002375			
6	0.1	0.018			
7	0.15	0.057375			
8	0.2	0.128			
9	0.25	0.234375			
10	0.3	0.378			
11	0.35	0.557375			
12	0.4	0.768			
13	0.45	1.002375			
14	0.5	1.25			
15	0.55	1.497375			
16	0.6	1.728			
17	0.65	1.922375			
18	0.7	2.058			
19	0.75	2.109375			
20	0.8	2.048			
21	0.85	1.842375			
22	0.9	1.458			
23	0.95	0.857375			

Adicionar mais e mais dados ao modelo é como apertar um tubo de pasta de dente. A pressão empurra mais da área disponível para o centro e, para abrir espaço, a altura da curva aumenta.

Em contraste com as figuras anteriores, a Figura 4.6 mostra que o incremento de beta desloca a curva para a esquerda.

Figura 4.6
O valor de `beta` aumenta em 1 a partir da Figura 4.5, e a curva se desloca para a esquerda.

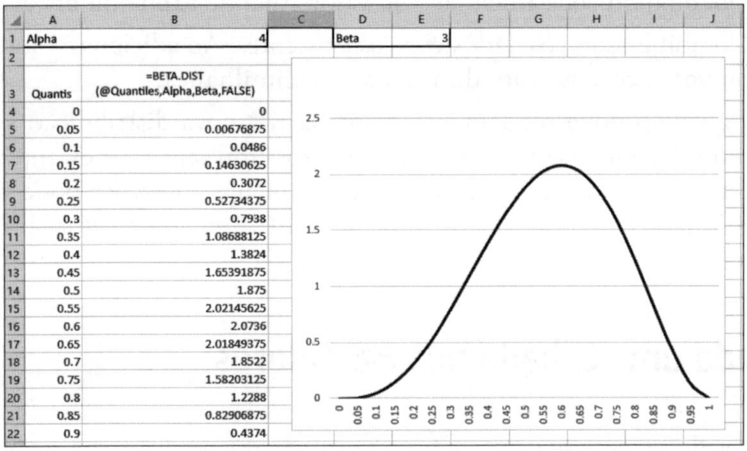

	A	B	C	D	E
1	Alpha	4		Beta	3
2					
3	Quantis	=BETA.DIST (@Quantiles,Alpha,Beta,FALSE)			
4	0	0			
5	0.05	0.00676875			
6	0.1	0.0486			
7	0.15	0.14630625			
8	0.2	0.3072			
9	0.25	0.52734375			
10	0.3	0.7938			
11	0.35	1.08688125			
12	0.4	1.3824			
13	0.45	1.65391875			
14	0.5	1.875			
15	0.55	2.02145625			
16	0.6	2.0736			
17	0.65	2.01849375			
18	0.7	1.8522			
19	0.75	1.58203125			
20	0.8	1.2288			
21	0.85	0.82906875			
22	0.9	0.4374			

A altura da curva aumenta, mas apenas ligeiramente porque o deslocamento para a esquerda resulta em uma cauda esquerda mais volumosa.

A Figura 4.7 mostra como a tendência central da curva começou a se afirmar.

Figura 4.7
Observe como os agrupamentos de dados estão muito mais próximos de sua moda em comparação com um modelo com menos observações, como a Figura 4.4.

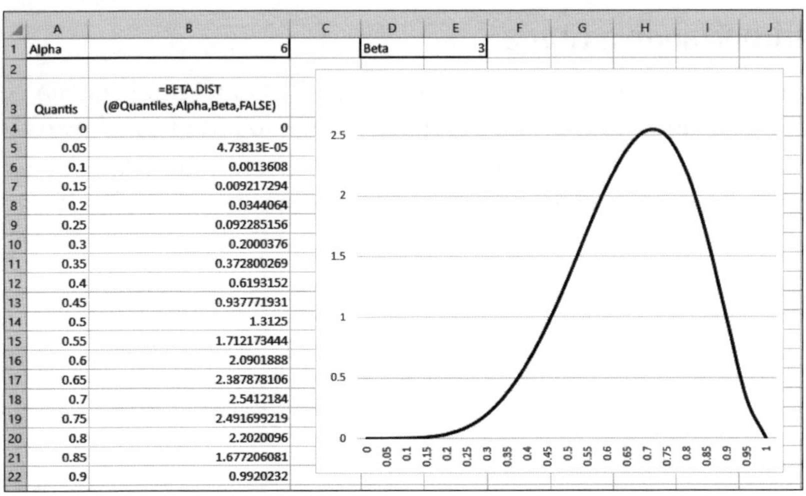

	A	B	C	D	E
1	Alpha	6		Beta	3
2					
3	Quantis	=BETA.DIST (@Quantiles,Alpha,Beta,FALSE)			
4	0	0			
5	0.05	4.73813E-05			
6	0.1	0.0013608			
7	0.15	0.009217294			
8	0.2	0.0344064			
9	0.25	0.092285156			
10	0.3	0.2000376			
11	0.35	0.372800269			
12	0.4	0.6193152			
13	0.45	0.937771931			
14	0.5	1.3125			
15	0.55	1.712173444			
16	0.6	2.0901888			
17	0.65	2.387878106			
18	0.7	2.5412184			
19	0.75	2.491699219			
20	0.8	2.2020096			
21	0.85	1.677206081			
22	0.9	0.9920232			

Tudo o que realmente fizemos ao passar do gráfico da Figura 4.1 para a Figura 4.7 foi aumentar alfa ou beta em 1 em cada figura. Ainda assim, escondidos dentro desse processo e dentro das funções `BETA.DIST` estão os passos clássicos de uma análise Bayesiana:

1. Obtenha uma a priori, seja uma a priori inicial ou a posteriori do passo anterior. Isso é o que acontece quando você decide adicionar novos dados a um modelo existente; especificamente, neste exemplo, quando você adiciona 1 ao valor atual de `alpha` ou `beta`.
2. Combine os novos dados com os existentes. Ao adicionar 1 a `alpha` ou `beta`, você está atualizando a verossimilhança.
3. Calcule o novo modelo (ou, se preferir, a nova distribuição a posteriori) com base na a priori e na verossimilhança. O exemplo anterior não mostra isso acontecer diretamente, mas você pode ver os resultados nos novos valores que `BETA.DIST` ou `dbeta` retornam para a grade.

Dando uma Olhada nos Bastidores

Quero fornecer algumas demonstrações de processos usados em aproximações de grade que geralmente não recebem a atenção que merecem. A primeira diz respeito ao redimensionamento da distribuição a posteriori para que a soma de seus elementos seja 1.00 (ou se preferir, 100%).

A segunda diz respeito à combinação de distribuições, em particular a combinação de a priori com a verossimilhança para gerar uma distribuição a posteriori, e o redimensionamento de uma distribuição a posteriori bruta de modo que a probabilidade dos quantis some 1.0.

Padronizando a Grade

Começaremos com uma demonstração em R. Usarei um pequeno conjunto de dados, e se você quiser replicá-lo usando um maior, é bem fácil.

Nem a função `library` nem a função `tibble` no final do código são estritamente necessárias, mas eu — junto com muitos outros usuários — as considero úteis. Se você deseja usá-las seguindo esta demonstração, você deve primeiro instalar o pacote tibble usando o item Instalar pacote(s) no menu Pacotes do R.

```
library(tibble)
```

```
# Estabeleça quantis para uma grade
grid_qs <- seq(0, 1, by = 0.25)
```

```
grid_qs
# Obtenha a densidade a priori para cada valor na grade
prior <- dbeta(grid_qs, 31, 27)
prior
# Obtenha a verossimilhança de cada valor na grade
likelihood <- dbinom(8, 20, prob = grid_qs)
likelihood
# Multiplique para obter a posteriori
raw_posterior <- prior * likelihood
raw_posterior
# Observe que raw_posterior soma 0.632, não 1.00
sum(raw_posterior)
# Redimensione a posteriori para que sua soma seja 1.00
rescaled_posterior <- raw_posterior / sum(raw_posterior)
rescaled_posterior
sum(rescaled_posterior)
# Prepare um data frame com valores pertinentes
grid_app_df <- data.frame(grid_qs, prior, likelihood,
raw_posterior, rescaled_posterior)
grid_app_df
# Prepare uma tabela com valores pertinentes
grid_data <- tibble(grid = grid_qs,
 prior = prior,
 likelihood = likelihood,
 `prior x likelihood` = raw_posterior,
 posterior = rescaled_posterior)
grid_data
```

O código está em um arquivo de texto chamado *R code for grid approximation.txt*. Você pode executar o código em R copiando-o, alternando para R, escolhendo Arquivo, Novo Script e colando o código na janela Sem nome – R Editor do R. Se você estiver digitando o código em vez de usar um procedimento de copiar e colar, certifique-se de omitir os caracteres de continuação de linha no final do código. Em seguida, escolha Executar Tudo no menu Editar do R. Aqui está o que aparece no console. (Como aparece no console, cada executável ou instrução de comentário começa com um símbolo >. Os resultados retornados por funções não começam com o símbolo >.)

```
> library(tibble)

> # Estabeleça quantis para uma grade
```

```
> grid_qs <- seq(0, 1, by = 0.25)
> grid_qs
[1] 0.00 0.25 0.50 0.75 1.00
> # Obtenha a densidade a priori para cada valor na grade
> prior <- dbeta(grid_qs, 31, 27 )
> prior
[1] 0.0000000000 0.0001854631 5.2575660200 0.0150225141 0.0000000000
> # Obtenha a verossimilhança de cada valor na grade
> likelihood <- dbinom(8, 20, prob = grid_qs)
> likelihood
[1] 0.0000000000 0.0608866892 0.1201343536 0.0007516875 0.0000000000
> # Multiplique para obter a posteriori
> raw_posterior <- prior * likelihood
> raw_posterior
[1] 0.000000e+00 1.129224e-05 6.316143e-01 1.129224e-05 0.000000e+00
> # Observe que raw_posterior soma 0.576, não 1.00
> sum(raw_posterior)
[1] 0.6316369
> # Redimensione a posteriori para que sua soma seja 1.00
> rescaled_posterior <- raw_posterior / sum(raw_posterior)
> rescaled_posterior
[1] 0.000000e+00 1.787773e-05 9.999642e-01 1.787773e-05 0.000000e+00
> sum(rescaled_posterior)
[1] 1
> # Prepare um data frame com valores pertinentes
> grid_app_df <- data.frame(grid_qs, prior, likelihood,
+  raw_posterior, rescaled_posterior)
> grid_app_df
  grid_qs        prior   likelihood raw_posterior rescaled_posterior
1    0.00 0.0000000000 0.0000000000  0.000000e+00       0.000000e+00
2    0.25 0.0001854631 0.0608866892  1.129224e-05       1.787773e-05
3    0.50 5.2575660200 0.1201343536  6.316143e-01       9.999642e-01
4    0.75 0.0150225141 0.0007516875  1.129224e-05       1.787773e-05
5    1.00 0.0000000000 0.0000000000  0.000000e+00       0.000000e+00
> # Prepare uma tabela com valores pertinentes
> grid_data <- tibble(grid = grid_qs,
+ prior = prior,
+ likelihood = likelihood,
+ `prior x likelihood` = raw_posterior,
+ posterior = rescaled_posterior)
> grid_data
```

```
# Uma tibble: 5 x 5
    grid     prior likelihood     `prior x likelihood`     posterior
    <dbl>     <dbl>      <dbl>                    <dbl>         <dbl>
1   0        0          0                        0             0
2   0.25     0.000185   0.0609                   0.0000113     0.0000179
3   0.5      5.26       0.120                    0.632         1.00
4   0.75     0.0150     0.000752                 0.0000113     0.0000179
5   1        0          0                        0             0
>
```

DICA

> Se você não encontrar um comando Executar Tudo no menu Editar do R, certifique-se de que a janela Sem nome – R Editor esteja ativa clicando nela.

O R executa o código que encontra na janela Sem nome – R Editor e exibe os resultados no Console.

Há vários pontos a serem observados sobre o código fornecido. Um deles é que ele calcula duas versões de a posteriori. A versão que o código chama de *raw_posterior* no data frame chamada *grid_app_df* (e que ele chama de *`prior x likelihood`* na tibble) totaliza 0,632. A tibble contém seis colunas e a quinta exibe os cinco valores *raw_posterior* que, na grade, novamente totalizam 0,632.

Esse total é inconveniente. Os valores que compõem a posteriori devem ser proporções, ou porcentagens, que totalizam 1,0 ou 100%. É por isso que o código totaliza os valores brutos retornados pelo produto de a priori e da verossimilhança e, em seguida, divide esse total em cada valor a posteriori bruto. O resultado é um vetor cujo nome de código é *rescaled_posterior*, ou simplesmente *posterior*.

Os valores reescalonados nesse vetor somam 1,0, e os valores individuais têm a mesma relação entre si, assim como os valores no raw_posterior. Por exemplo, a proporção do terceiro elemento no raw_posterior para seu segundo elemento é 55929,20 para 1, e a mesma proporção para o rescaled_posterior é 55865,92 para 1. (A diferença extremamente pequena se deve aos erros de arredondamento que inevitavelmente encontramos com cálculo integral.)

Você provavelmente descobrirá que muitas fontes de material sobre métodos Bayesianos referem-se ao processo de redimensionar um raw_posterior dessa maneira como "padronização" ou "normalização". Na maioria dos casos, você pode evitar ter que passar pelas etapas extras de padronização definindo os quantis como percentis. Ou seja, use um código semelhante ao seguinte ao estruturar a grade:

```
grid_qs <- seq(0, 1, by = 0.01)
```

Na maioria dos casos, isso fará com que os elementos da grade totalizem 1,00 ou 100%, e você não terá que passar pelas etapas extras de conversão de uma a posteriori bruta para uma a posteriori padronizada. Você geralmente deseja uma a posteriori padronizada e uma boa maneira de garantir isso é organizar cem quantis. Qualquer outro número de quantis resulta em uma grade que soma um total diferente de 1,00, mas você sempre pode corrigir isso padronizando a posteriori.

Combinando Distribuições

Quase todos os livros sobre análise Bayesiana enfatizam que uma de suas etapas, quando você está trabalhando com proporções em vez de contagens inteiras, é multiplicar um valor a priori por uma verossimilhança. Esta é apenas uma maneira pela qual as distribuições podem ser combinadas, mas é uma abordagem crítica na análise Bayesiana.

Você precisa de duas distribuições de dados, com cada distribuição organizada pela variável que define os quantis. Por exemplo, a distribuição a priori pode ter oito registros no segmento que vai de 0% a 10%. Pode ter mais quatro registros no segmento que vai de 10% a 20%, e assim sucessivamente.

Você deve ter os dados de probabilidade organizados da mesma maneira, com os mesmos quantis usados na distribuição a priori e ordenados da mesma forma que a distribuição a priori é ordenada.

Uma maneira de proceder neste ponto é multiplicar a porcentagem em cada quantil de a priori pela porcentagem no quantil associado da distribuição de verossimilhança. O produto resultante das duas distribuições tem os mesmos quantis que a priori e a verossimilhança. O conteúdo de cada quantil é o produto do valor em a priori para aquele quantil e o valor na verossimilhança para o mesmo quantil.

A Figura 4.8 demonstra isso.

Figura 4.8
As distribuições a priori, de verossimilhança e a posteriori (brutas) retiradas do R, e a multiplicação feita no Excel.

B12 =B3*B6

	A	B	C	D	E	F
1	> prior			Resultados do R		
2						
3	[1]	0.00000000	0.00011280	4.79637602	0.02740950	0.00000000
4						
5	> likelihood					
6	[1]	0.00000000	0.06088669	0.12013435	0.00075169	0.00000000
7						
8	> raw_posterior					
9	[1]	0.00000000	0.00000687	0.57620950	0.00002060	0.00000000
10						
11		A posteriori bruta (pela multiplicação no Excel)				
12	[1]	0.00000000	0.00000687	0.57620953	0.00002060	0.00000000
13						

Cada distribuição é dividida em cinco áreas estabelecidas pelos quatro quantis equidistantes de 0.25, 0.50, 0.75 e 1.00. O conteúdo de cada área é encontrado nas colunas B a F. Para obter a distribuição a posteriori bruta, multiplique a área anterior pela área correspondente na distribuição de verossimilhança. Seus resultados podem variar um pouco. Em R, é claro, você pode obter não apenas o resultado único, mas o resultado completo de maneira muito mais simples e rápida, dizendo a R para multiplicar a distribuição a priori pela verossimilhança:

```
> raw_posterior <- prior * likelihood
```

No entanto, tanto o Excel quanto o R fornecem um método alternativo para obter o produto de duas distribuições. Mesmo que nunca use esse método, você deve entender o que ele faz para poder seguir corretamente algum código que *realmente* o utiliza. É principalmente uma questão de gerenciar cuidadosamente os argumentos para as funções `BETA.DIST` e `BINOM.DIST`, ou `dbeta` e `dbinom`.

Suponha que você queira multiplicar uma a priori por uma verossimilhança usando R. Você pode achar conveniente usar a função `dbeta` de R para fazer isso. Lembre-se dos capítulos anteriores de que a função `dbeta` recebe, entre outros argumentos, um que a documentação do R chama de `shape1` e outro chamado `shape2`. A mesma documentação afirma que tanto shape1 quanto shape2 são parâmetros não negativos da distribuição beta. (A documentação do Microsoft Excel refere-se a esses dois argumentos como `alpha` e `beta`, e define-os apenas como parâmetros obrigatórios da distribuição. Isso também não ajuda muito.)

Você pode pensar neles, literalmente, como dois lados da mesma moeda. E tratar o número de lançamentos de moeda que resultam em cara como `alpha` (ou como `shape1`), e o número de lançamentos que resultam em coroa como `beta` (ou como `shape2`). Vitórias e derrotas. Fica doente, fica bem. Sistólica maior que 125,2, menor ou igual a 125,2.

Existe uma alternativa para multiplicar a priori pela verossimilhança, que está disponível tanto no R quanto no Excel. Suponha primeiro que você esteja usando R, não Excel. Sua a priori é definida por um objeto que você nomeou `prior_approx`, as verossimilhanças associadas a cada quantil na grade são denominadas coletivamente como `like_approx`. Ambos `prior_approx` e `like_approx` foram estabelecidos usando `dbeta`. (Isso certamente não é um requisito, no entanto. Não seria incomum usar `dbeta` para estabelecer a verossimilhança devido a suas famílias conjugadas.)

Seu objetivo é combinar `prior_approx` com `like_approx` sem realmente multiplicá-los. Para fazer isso, você precisa adicionar o valor de `shape1` em `prior_approx` ao valor de `shape1` em `like_approx`. Você também precisa adicionar o valor de `shape2` em `prior_approx` ao valor de `shape2` em `like_approx`. Em seguida, chame `dbeta` novamente, desta vez com as somas dos dois parâmetros.

Por exemplo, suponha que você definiu `prior_approx` desta forma:

```
prior_approx <- dbeta(x = quantiles, shape1 = 7, shape2 = 9)
```

e `like_approx` da seguinte maneira:

```
like_approx <- dbeta(x = quantiles, shape1 = 10, shape2 = 12)
```

Então a posteriori é dada por:

```
raw_posterior <- dbeta(x = quantiles, shape1 = 7 + 10, shape2 = 9 + 12)
```

ou simplesmente:

```
raw_posterior <- dbeta(x = quantiles, shape1 = 17, shape2 = 21)
```

O código a seguir mostra grande parte do código fornecido na seção anterior, mas adiciona, simplesmente para comparação, o código que incorpora a função `dbeta` para calcular a posteriori — tanto a versão bruta denominada `alt_posterior` quanto a versão padronizada denominada `dbeta_posterior`.

```
    > # Estabeleça quantis para uma grade
> grid_qs <- seq(0, 1, by = 0.25)
> grid_qs
[1] 0.00 0.25 0.50 0.75 1.00
```

```
>
> # Obtenha a densidade a priori para cada valor na grade
> prior <- dbeta(grid_qs, shape1 = 31, shape2 = 27)
> prior
[1] 0.0000000000 0.0001854631 5.2575660200 0.0150225141 0.0000000000
>
> # Obtenha a verossimilhança para cada valor na grade
> likelihood <- dbinom(x = 8, size  = 20, prob = grid_qs)
> likelihood
[1] 0.0000000000 0.0608866892 0.1201343536 0.0007516875 0.0000000000
>
> # Multiplique para obter a posteriori
> raw_posterior <- prior * likelihood
> raw_posterior
[1] 0.000000e+00 1.129224e-05 6.316143e-01 1.129224e-05 0.000000e+00
>
> # Padronize a posteriori
> rescaled_posterior <- raw_posterior/sum(raw_posterior)
> rescaled_posterior
[1] 0.000000e+00 1.787773e-05 9.999642e-01 1.787773e-05 0.000000e+00
>
> # Calcule a posteriori usando dbeta
> alt_posterior <- dbeta(grid_qs, shape1 = 31 + 8, shape2 = 27 + 12)
> alt_posterior
[1] 0.0000000000 0.0001255809 7.0241767538 0.0001255809 0.0000000000
>
> # Padronize a versão de a posteriori de dbeta's
> dbeta_posterior <- alt_posterior/sum(alt_posterior)
> dbeta_posterior
[1] 0.000000e+00 1.787773e-05 9.999642e-01 1.787773e-05 0.000000e+00
```

A comparação importante a ser feita aqui é entre a variável nomeada `rescaled_posterior` e a nomeada `dbeta_posterior`. Cada um dos elementos na primeira variável é precisamente igual ao elemento correspondente na última variável. Por exemplo, comparando o segundo elemento em ambas as variáveis, `1.787773e-05` é igual a `1.787773e-05`.

A questão é que você pode obter a posteriori bruta de duas maneiras:

- Multiplicando a priori pela verossimilhança: acima, para obter `raw_posterior`, dado que você está usando porcentagens.

- Usando dbeta no número total de "vitórias" (`shape1`) e "derrotas" (`shape2`): acima, para obter `alt_posterior`, dado que você está usando contagens brutas.

Os valores brutos de densidade resultantes serão diferentes para os dois procedimentos, mas os valores de densidade devem ser idênticos em qualquer versão da a posteriori padronizada.

Combinando Distribuições em Excel

A Figura 4.9 mostra os resultados de uma análise semelhante de forma mais compacta, juntamente com as fórmulas e funções do Excel. Compare os resultados da Figura 4.8, derivados do R, com os da Figura 4.9, derivados do Excel.

Figura 4.9
A priori, verossimilhança e distribuições bruta e padronizada retiradas do Excel.

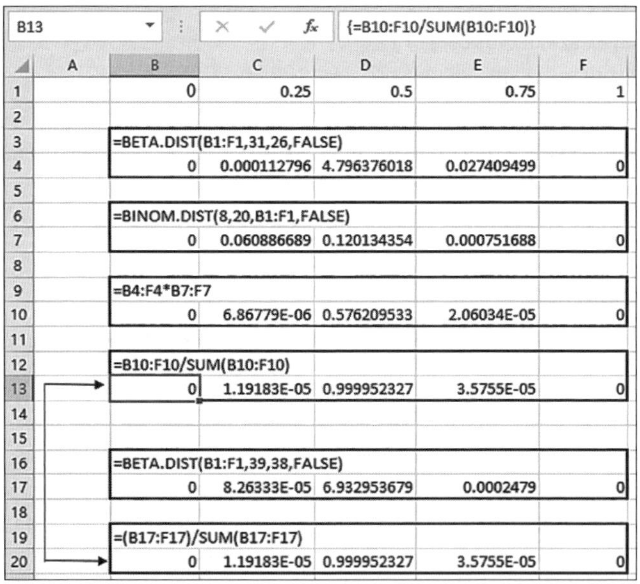

Na Figura 4.9, a linha 3 mostra as fórmulas, inseridas na linha 4, que representam o conjugado a priori para a análise. Conforme a sintaxe da função `BETA.DIST`, a fórmula especifica B1:F1 como o intervalo que contém os quantis; 31 e 26 como os valores para `alpha` e `beta`, e a palavra-chave `FALSE` para indicar que *não* queremos um resultado cumulativo. Essa fórmula é inserida na matriz na linha 4, que então retorna os valores para a distribuição a priori.

A linha 7 exibe a fórmula que retorna a distribuição binomial para a verossimilhança associada à a priori na linha 4. Já discutimos que a sintaxe é um pouco diferente para as funções BETA.DIST e BINOM.DIST no Excel.

Na função BINOM.DIST, começamos com alpha, número total de tentativas. Como antes, os quantis estão no intervalo B1:F1. Mais uma vez, não queremos uma distribuição cumulativa, então usamos FALSE como o quarto argumento para BINOM.DIST.

Na linha 10, temos o resultado da multiplicação dos valores individuais em B4:F4 pelos valores individuais em B7:F7. Por exemplo, C4 vezes C7 é igual ao valor mostrado em C10. Como o produto de a priori e da verossimilhança, a linha 10 contém a posteriori bruta para esta etapa da análise.

A linha 13 contém a fórmula que divide os valores de B10 a F10 — ou seja, a posteriori bruta — pela soma desses valores. O resultado é a versão padronizada da a posteriori bruta, que pode ser comparada com outro método de derivação da a posteriori padronizada. (Mais importante, a a posteriori padronizada mantém o tamanho relativo dos valores na versão bruta da a posteriori.)

Evitando uma Armadilha

Agora, há um perigo oculto no uso de dbeta — e de BETA.DIST, aliás — para combinar as distribuições conforme mostrado acima. Aqui está como o código R calcula a priori:

```
prior <- dbeta(grid_qs, shape1 = 31, shape2 = 27)
```

Observe que o código usa esta função dbinom para calcular a verossimilhança:

```
likelihood <- dbinom(x = 8, size = 20, prob = grid_qs)
```

Os dois argumentos finais para a função dbeta são o número de sucessos (31) e o número de falhas (27). Mas os dois argumentos correspondentes à função dbinom são o número de sucessos (8) e o número total de tentativas (20), *não* o número de falhas. A função dbeta espera que você forneça o número total de sucessos (aqui, 31 + 8 ou 39) e o número total de falhas (aqui, 27 mais 20 menos 8 ou 39 — ou seja, 27 falhas a priori mais o número total de tentativas de verossimilhança menos o número de sucessos de verossimilhança).

NOTA

Outra maneira de ter essa questão em mente é a seguinte.

Quando um desenvolvedor projeta uma função em R, o desenvolvedor geralmente fornece uma lista de argumentos que a função pode aceitar e usar para completar o propósito da função. Quando um usuário emprega essa função, o usuário normalmente deve fornecer valores que o código tratará como argumentos da função. O usuário pode fornecer esses valores de uma das três maneiras gerais. Consideraremos a função `dbinom`, por exemplo, onde a documentação do R dá a densidade de um evento discreto como

```
dbinom(x, size, prob, log = FALSE)
```

onde *x* é o número de sucessos, *size* é o número de tentativas, *prob* é a probabilidade de sucesso em qualquer tentativa e *log* especifica se as probabilidades são especificadas na forma logarítmica. O primeiro dos três métodos gerais de fornecer os valores dos argumentos é a forma exata:

1. Nome completo e exato. O usuário pode especificar o valor de um argumento fornecendo o nome completo e o valor do argumento em qualquer lugar da lista de argumentos. Aqui está um exemplo típico:

   ```
   dbinom(x = 5, size = 10, prob = .5, log = FALSE)
   ```

   Observe que os argumentos são fornecidos com os mesmos nomes exatos especificados na documentação. Nesse caso, os argumentos podem ser fornecidos em qualquer ordem, como x, log, prob e size.

2. Correspondência parcial. O usuário fornece nomes de argumentos que são abreviações do nome formal e exato do argumento. Por exemplo, o exemplo fornecido para o método de nome completo poderia usar o método de correspondência parcial da seguinte forma:

   ```
   dbinom(x = 5, s = 10, prob = .5, log = FALSE)
   ```

   A letra *s* é uma correspondência parcial com *size*.

3. Ordem do argumento. O usuário pode dispensar os nomes dos argumentos e simplesmente fornecer seus valores, desde que a ordem dos valores na chamada da função corresponda à ordem dos argumentos na definição da função.

   (Adiei a discussão desse assunto até agora para evitar misturar conceitos distribucionais, como distribuições discretas versus contínuas, com técnicas de digitação, como abreviações de nomes de funções.)

   Continuando o exemplo atual:

   ```
   dbinom(5, 10, .5, FALSE)
   ```

> Os três usos, empregados corretamente, retornam o mesmo resultado e podem ser misturados na mesma chamada de função. A abordagem do nome completo e exato é a mais segura e tediosa das três. A abordagem somente de argumento pode ser muito mais rápida no teclado, mas também é mais suscetível a problemas com a lista de argumentos. Esse é especialmente o caso quando os nomes formais fornecidos pela documentação oferecem poucas pistas sobre o significado de cada argumento. Um bom exemplo é a documentação para `dbeta`, onde dois dos argumentos são denominados shape1 e shape2.

Ainda na Figura 4.9, a linha 16 mostra a fórmula inserida na linha 17, fazendo uso da função `BETA.DIST` para evitar a necessidade de multiplicar a priori pela verossimilhança explicitamente. Em vez da multiplicação, mostrada na linha 10, usaremos `BETA.DIST` diretamente, mas acumularemos os registros da verossimilhança nos argumentos da função beta. Portanto, o alfa na linha 17 é 39, que é a soma do alfa de a priori, 31, mais o alfa da verossimilhança, 8. E o valor do beta na linha 17 é 38, porque, como você verá em breve, não chegamos ao valor de beta de 38 da mesma forma que chegamos ao alfa de 39.

A função `BINOM.DIST`, usada na linha 7, chama o número 8 como alfa, o número de sucessos, e o número 20, não como o número de falhas, mas como o número total de tentativas. Mas a função `BETA.DIST`, que estamos prestes a usar para calcular a posteriori, não espera o número total de tentativas, mas o número de falhas para acompanhar o número de sucessos. Consequentemente, o terceiro argumento para `BETA.DIST`, linha 17, é 26 + 12 ou 38, não 57 + 20 ou 77.

Observe que a linha 13 retorna exatamente os mesmos valores da linha 20, demonstrando que a versão padronizada da a posteriori criada pela multiplicação das a priori pela verossimilhança é igual à a posteriori padronizada criado pelo uso da função `BETA.DIST`.

Posso dizer, por amarga experiência pessoal, como é fácil se esquecer de alterar o número de tentativas usadas na função `dbinom` para o número de falhas implícitas na combinação do número de sucessos com o número total de tentativas.

Passando das Fórmulas Subjacentes para as Funções

Aqui está como os números funcionam. A Figura 4.10 mostra como a grade completa se move da fórmula subjacente para a priori atual.

Figura 4.10
Como os valores a priori e de verossimilhança de alfa e beta são "somados" para chegar à a posteriori.

F14 =C14*D14/E14

$\pi^{(a-1)}(1-\pi)^{(b-1)}/\beta(a,b)$

A priori conjugado

	A	B	C	D	E	F	H
4	a =	5					
5	b =	8				Por fórmula	Por função
6							=BETA.DIST
7	π		$\pi^{(a-1)}$	$(1-\pi)^{(b-1)}$	β(a,b)	$\pi^{(a-1)}*(1-\pi)^{(b-1)}/\beta(a,b)$	(@p,a,b,FALSE)
8	0		0.0000	1.0000	0.0003	0.0000	0.0000
9	0.1		0.0001	0.4783	0.0003	0.1894	0.1894
10	0.2		0.0016	0.2097	0.0003	1.3288	1.3288
11	0.3		0.0081	0.0824	0.0003	2.6416	2.6416
12	0.4		0.0256	0.0280	0.0003	2.8379	2.8379
13	0.5		0.0625	0.0078	0.0003	1.9336	1.9336
14	0.6		0.1296	0.0016	0.0003	0.8409	0.8409
15	0.7		0.2401	0.0002	0.0003	0.2079	0.2079
16	0.8		0.4096	0.0000	0.0003	0.0208	0.0208
17	0.9		0.6561	0.0000	0.0003	0.0003	0.0003
18	1		1.0000	0.0000	0.0003	0.0000	0.0000

Primeiro, a fórmula para a priori conjugada é montada nas colunas A a E da Figura 4.10. (Este capítulo discute a noção de a priori conjugadas um pouco mais tarde.)

$$\pi^{a}\ (1-\pi)^{b}/\beta\ (a,b)$$

onde:

- π é um quantil como 0.01, 0.10 ou 0.25 que segmenta a área de probabilidade total.
- *a* é o número de sucessos.
- *b* é o número de falhas.
- β é a função beta, definida da seguinte forma:

$$\beta(a,\ b) = \Gamma\ (a) * \Gamma\ (b)\ /\ \Gamma\ (a+b)$$

- Γ é a função gama. Tanto o Excel quanto o R fornecem a função gama.

O próximo passo é multiplicar a priori e a verossimilhança. A Figura 4.11 mostra como a priori e a verossimilhança são combinadas para resultar na a posteriori padronizada, que pode ser destinada a atuar como a próxima a priori.

Figura 4.11
Alcançando uma a posteriori atualizada com aproximação de grade.

D9 | f_x =B9*C9

	A	B	C	D	E	F	G
1							
2	π	A priori Conjugado	Verossimi-lhança	A priori Conjugado Verossimilhança	A posteriori padronizado	A posteriori de BETA.DIST()	A posteriori padronizado
3	0	0.0000	0.0000	0.0000	0.0000	0.0000	0.0000
4	0.1	0.1894	0.0000	0.0000	0.0000	0.0000	0.0000
5	0.2	1.3288	0.0000	0.0000	0.0017	0.0171	0.0017
6	0.3	2.6416	0.0001	0.0002	0.0388	0.3883	0.0388
7	0.4	2.8379	0.0004	0.0010	0.1968	1.9680	0.1968
8	0.5	1.9336	0.0010	0.0019	0.3700	3.7001	0.3700
9	0.6	0.8409	0.0018	0.0015	0.2952	2.9520	0.2952
10	0.7	0.2079	0.0022	0.0005	0.0906	0.9060	0.0906
11	0.8	0.0208	0.0017	0.0000	0.0068	0.0683	0.0068
12	0.9	0.0003	0.0005	0.0000	0.0000	0.0002	0.0000
13	1	0.0000	0.0000	0.0000	0.0000	0.0000	0.0000
14							
15							
16	a =	5					
17	b =	8					
18	f =	7					
19	g =	3					

A fórmula para a verossimilhança é a familiar distribuição binomial:

$$\pi^{f}(1-\pi)^{g}$$

onde:

- π é como descrito logo acima, um quantil ou vetor de quantis.
- *f* é o número de sucessos na amostra de verossimilhança. Se isso fosse uma a priori e não uma verossimilhança, o símbolo *f* seria substituído pelo símbolo *a*.
- *g* é o número de falhas na amostra de verossimilhança. Se isso fosse uma a priori e não uma verossimilhança, o símbolo *g* seria substituído pelo símbolo *b*.

Portanto, na Figura 4.11:

- A3:A13 contém os quantis.
- B3:B13 contém aa priori, calculada na Figura 4.10.
- C3:C13 contém a verossimilhança, com base em π, *f*, e *g* conforme descrito.
- D3:D13 contém o produto bruto de a priori e da verossimilhança.
- E3:E13 contém o produto padronizado, obtido pela divisão de cada produto bruto em D3:D13 pela soma dos valores do produto.

- F3:F13 contém aa posteriori bruta, calculada passando alfa, beta e π para BETA.DIST ou, como vimos, para a função dbeta em R.
- G3:G13 contém aa posteriori padronizada, calculada dividindo cada valor a posteriori bruta por sua soma.

Olharemos mais de perto o efeito de multiplicar a priori pela verossimilhança. Veja como ele se apresenta, como uma fórmula, e não como uma função do Excel ou do R:

$$\pi^{a-1} (1- \pi)^{b-1} \pi^{f} (1- \pi)^{g}/\beta\ (a,\ b)$$

Ou, simplificando:

$$\pi^{(a-1+f)} (1- \pi)^{(b-1+g)}/\beta\ (a,\ b)$$

O que aconteceu na simplificação é o seguinte:

$$\pi^{(a-1+f)} \text{ substitui } \pi^{a-1} \text{ e } \pi^{f}$$

$$(1- \pi)^{(b-1+g)} \text{ substitui } (1- \pi)^{b-1} \text{ e } (1- \pi)^{g}$$

Os dois parâmetros de forma para a verossimilhança, *f* e *g*, foram de fato adicionados à a priori (como você provavelmente lerá em outras fontes). No entanto, *f* e *g* foram adicionados aos *expoentes* nas equações. Portanto, o efeito de incluir os dados de verossimilhança por meio da multiplicação é estender o número de vezes que a probabilidade π (ou 1 menos a probabilidade) é multiplicada por si mesma. Tudo o que estamos fazendo é aumentar o tamanho dos expoentes.

Isso faz todo o sentido quando você considera que a probabilidade de dois eventos independentes é simplesmente o produto deles. Se X é a probabilidade de um evento ocorrer, então X^2 é a probabilidade de X ocorrer, independentemente, duas vezes. E nesse caso, a probabilidade de X ocorrer independentemente uma terceira vez aumenta de X^2 para X^3.

Comparando Funções Integradas com Fórmulas Subjacentes

Caso verifique a relação entre calcular a priori do início usando a fórmula subjacente e calculá-la usando BETA.DIST ou a função dbeta, isso é feito facilmente. Com referência à Figura 4.11, escolha um quantil como 0,6 para π. A priori para este quantil é dada pela seguinte fórmula:

$$(0.6^{(a-1)})((1- 0.6)^{(b-1)})/\beta\ (a,\ b)$$

onde os valores de *a* e *b* usados na Figura 4.11 são 5 e 8, respectivamente. O denominador na fórmula é a função beta, definida anteriormente como:

$$\beta\ (a,\ b) = \Gamma\ (a) * \Gamma\ (b)\ /\ \Gamma\ (a + b)$$

ou, em pseudo-sintaxe:

```
β (a, b) = GAMMA(a) * GAMMA (b) / GAMMA (a + b)
```

para retornar 0.8409, a priori para p = 0.6 com *a* e *b* iguais a 5 e 8. Compare o resultado com o retornado na célula B9 por esta função:

```
BETA.DIST(A9,a,b,FALSE)
```

Você pode prosseguir verificando a a posteriori bruta mostrada, digamos, na célula D9 como 0.0015. A fórmula subjacente é simplesmente a priori multiplicada pela probabilidade: no caso do quantil 0.6, esse é o resultado de B9*C9.

Em uma célula em branco na Figura 4.11 ou 4.12, onde os nomes a, b, f e g são definidos, digite esta fórmula:

```
=(0.6^(a+f-1))*((1-A9)^(b+g-1))/(GAMMA(5)*GAMMA(8)/GAMMA(5+8))
```

que retorna 0.0015, o mesmo valor que o produto de a priori e da verossimilhança, B9*C9.

As equivalências entre as fórmulas subjacentes e as funções como `BETA.DIST` ou `dbeta` estão resumidas na Figura 4.12.

Figura 4.12
Teste a igualdade com fórmulas como =E16=D9.

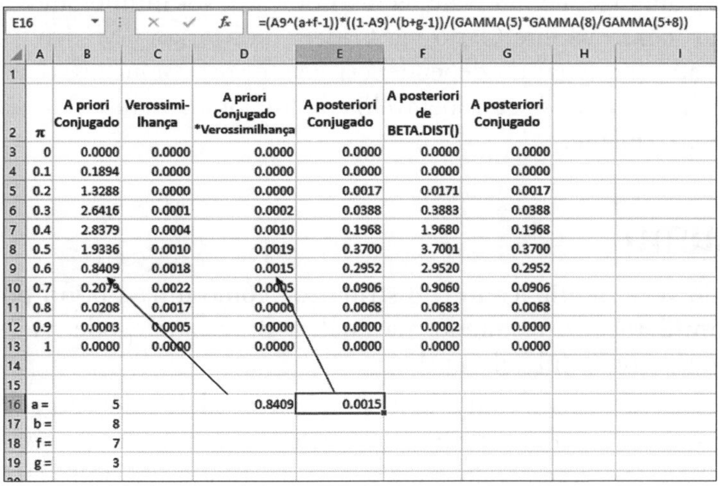

E16 =(A9^(a+f-1))*((1-A9)^(b+g-1))/(GAMMA(5)*GAMMA(8)/GAMMA(5+8))

	A	B	C	D	E	F	G	H	I
1									
2	π	A priori Conjugado	Verossimilhança	A priori Conjugado *Verossimilhança	A posteriori Conjugado	A posteriori de BETA.DIST()	A posteriori Conjugado		
3	0	0.0000	0.0000	0.0000	0.0000	0.0000	0.0000		
4	0.1	0.1894	0.0000	0.0000	0.0000	0.0000	0.0000		
5	0.2	1.3288	0.0000	0.0000	0.0017	0.0171	0.0017		
6	0.3	2.6416	0.0001	0.0002	0.0388	0.3883	0.0388		
7	0.4	2.8379	0.0004	0.0010	0.1968	1.9680	0.1968		
8	0.5	1.9336	0.0010	0.0019	0.3700	3.7001	0.3700		
9	0.6	0.8409	0.0018	0.0015	0.2952	2.9520	0.2952		
10	0.7	0.2079	0.0022	0.0005	0.0906	0.9060	0.0906		
11	0.8	0.0208	0.0017	0.0000	0.0068	0.0683	0.0068		
12	0.9	0.0003	0.0005	0.0000	0.0000	0.0002	0.0000		
13	1	0.0000	0.0000	0.0000	0.0000	0.0000	0.0000		
14									
15									
16	a =	5		0.8409	0.0015				
17	b =	8							
18	f =	7							
19	g =	3							

Entendendo A Priori Conjugada

Quando você multiplica uma distribuição como a priori por outra distribuição como a verossimilhança, o resultado na análise Bayesiana pode não ser do mesmo tipo ou família que a priori.

Uma família de distribuições compreende distribuições que compartilham características semelhantes; por exemplo, distribuições de variáveis discretas, como o resultado do lançamento de uma moeda onde pode haver apenas dois resultados, cara e coroa. Outras famílias de distribuições incluem aquelas que fornecem uma infinidade de resultados permitidos e aquelas que não fornecem, e aquelas que fornecem medidas discretas e contínuas.

Na análise Bayesiana, muitas vezes você se pega multiplicando uma distribuição a priori por uma verossimilhança. Acontece que é desejável que o resultado da multiplicação, a posteriori, pertença à mesma família que a distribuição a priori. Quando este é o caso, a priori e a posteriori são denominadas *conjugadas*, e a priori é frequentemente denominada uma *conjugada a priori*.

Esse é um estado de coisas desejável. Quando você tiver reunido mais dados ao iterar pelas fases da análise, talvez queira usar a distribuição a posteriori como a priori à próxima fase.

No entanto, é relativamente difícil encontrar problemas interessantes que resultem em a prioris que seguem uma distribuição beta. Historicamente, essa situação limitou o uso da análise Bayesiana até que uma alternativa à aproximação de grade pudesse ser encontrada: uma que não exigisse o uso da distribuição beta para descrever a maneira como os dados abrangem o intervalo da distribuição. Nos últimos anos, outros métodos como Monte Carlo via Cadeia de Markov (MCMC) foram empregados no lugar da dependência de a priori conjugadas, e o resultado tem sido um uso consideravelmente maior da análise Bayesiana do que anteriormente.

Resumo

Quando você multiplica uma distribuição como uma a priori por uma verossimilhança, o resultado, na análise Bayesiana, pode não ser do mesmo tipo ou família de a priori.

As coisas se tornam muito mais simples quando a priori e a posteriori são da mesma família distributiva. Nesse caso, você não precisa passar por obstáculos matemáticos para usar a distribuição a posteriori como a próxima a priori. Esses obstáculos, geralmente chamados de expressões de forma aberta, envolvem operações como integração e diferenciação, que podem custar caro não apenas em tempo de computador, mas também em tempo real.

Quando uma a priori e sua a posteriori não pertencem à mesma família distributiva, quando não são conjugados, pode ser necessário recorrer a uma forma aberta da equação da distribuição. Expressões de forma fechada tendem a ser limitadas a equações que usam aritmética e trigonometria simples, em vez de operações mais complexas, como as empregadas em cálculo.

Um dos pares de distribuições que resultam em distribuições conjugadas é a beta combinada com a binomial. Quando você multiplica uma beta por uma distribuição binomial, o resultado é uma conjugada a priori: a distribuição a posteriori é ela própria uma distribuição beta. Isso torna a codificação e a matemática consideravelmente menos difíceis.

Isso não quer dizer que o método de aproximação de grade não tenha lugar na análise Bayesiana. Tem. Ele é adequado para problemas diretos que não envolvem múltiplas variáveis, porque a aproximação de grade não escala bem. Torna-se uma ferramenta relativamente complicada quando é usada nesse tipo de situação: quando é solicitada a fornecer uma análise de um projeto que exige muitas variáveis. Portanto, mantenha-a em seu kit de ferramentas, mas saiba que pode haver alternativas mais robustas.

Começaremos a examinar essas alternativas para a aproximação de grade nos próximos capítulos.

Aproximação de Grade com Parâmetros Múltiplos

5

NESTE CAPÍTULO

Isso não pretende ser um tratado sobre o uso do código VBA — ou do código R —, mas se você quiser entender o que o código está fazendo, é necessário obter pelo menos uma visão geral dele. Estou apresentando este exemplo de codificação usando uma combinação de planilha do Excel e Visual Basic for Applications (VBA). Aqui está o porquê.

É geralmente reconhecido que o VBA não é otimizado para análise estatística. Certamente é possível realizar certos procedimentos estatísticos usando VBA, mas também é verdade que muitos desses procedimentos requerem dez, vinte, até cinquenta linhas de código para realizar algo que uma linguagem como R pode realizar em uma ou duas instruções.

Além disso, a instalação padrão do R em seu computador fornece uma biblioteca de funções compiladas. Erros de tempo de compilação já foram encontrados e corrigidos. E o VBA frequentemente deve interpretar instruções que são executadas repetidamente e que devem ser avaliadas em cada instância repetida. Tudo isso geralmente requer um tempo de desenvolvimento muito maior e resulta em uma velocidade de execução mais lenta em VBA do que em uma linguagem como R.

NOTA

> Não quero alarmá-lo indevidamente. O código e os dados neste capítulo são executados até a conclusão em cerca de 15 segundos em um laptop HP com um núcleo i5.

Eu poderia ter tornado o código VBA que discuto neste capítulo muito mais breve. Por exemplo, existem dois procedimentos que estabelecem arrays de níveis de fator. Eu poderia ter me contentado com apenas um procedimento e organizado os dois arrays por meio de argumentos passados por esse procedimento.

No entanto, isso tenderia a focar sua atenção em trivialidades, como instruções passadas por referência versus aquelas passadas por valor. A razão para gastar tempo com este código VBA é que ele tende a iluminar a lógica por trás da análise. Melhor isso do que gastar tempo e esforço aprendendo as sutilezas de uma linguagem de codificação moribunda.

E há vários lugares no código onde eu poderia ter exibido formulários de usuário para obter a entrada do usuário. Em vez disso, essa entrada foi codificada permanentemente e você deve modificar o código para acomodar alterações como o local das informações que deseja usar. Mais uma vez, porém, acho que é mais importante focar a lógica e o fluxo da análise do que a preparação do código amigável ao usuário.

Por outro lado, deve haver dez pessoas familiarizadas com o VBA para cada pessoa familiarizada com a linguagem de codificação do R. É muito mais fácil compreender o propósito de um loop aninhado no VBA do que compreender o propósito e o resultado da função `SSA` do R — por mais elegante que essa função possa ser.

Portanto, a razão pela qual incluo a seguinte discussão sobre código, usada pela análise Bayesiana, mas escrita em VBA, não é para recomendar que você adote VBA no lugar de R ou Python para programação estatística. A razão é que é muito mais fácil ver o que está acontecendo no código quando você está familiarizado com as convenções e funções desse código do que de outra forma. Também é útil verificar o significado do código que você escreveu para um cálculo complicado inserindo-o como uma fórmula na própria célula da planilha — essa é uma boa maneira de verificar a correspondência entre uma fórmula conhecida e um snippet de código a ser testado. Esse tipo de verificação de desenvolvimento é muito mais fácil de realizar no Excel do que no R.

Com isso como justificativa, olharemos uma análise Bayesiana de dois parâmetros usando a aproximação de grade escrita em VBA. Os capítulos anteriores se concentraram em análises de parâmetro único. A aproximação de grade de um parâmetro geralmente é muito mais simples de realizar e tão precisa quanto outros métodos, como aproximações quadráticas e MCMC. Minha esperança é que isso o convença a usar aproximações quadráticas ou, melhor, MCMC quando sua análise for complicada o suficiente para exigir isso.

Montando o Cenário

Muitas variáveis de interesse para cientistas e estatísticos são distribuídas como uma curva normal ou "sino". (É provável que você também veja essas curvas referidas na literatura como *Gaussianas*.) Essas curvas tendem a ser simétricas em vez de enviesadas. Também é possível especificar suas distribuições com dois números: uma medida de tendência central (ou seja, uma média, mediana ou moda) e uma medida da dispersão da distribuição em torno dessa tendência central (muitas vezes por meio de um desvio padrão ou quantil).

Uma dessas variáveis é o nível de colesterol em humanos. Por várias razões, você pode achar importante e interessante determinar a tendência central e o desvio padrão do colesterol em uma amostra, com a intenção de generalizar suas descobertas para uma população. Podemos usar uma extensão das técnicas discutidas nos capítulos anteriores para destilar dados dessa amostra em uma declaração da tendência central e medida de dispersão para essa variável na própria amostra. Também podemos descrever a própria população, na medida em que a amostra é uma representação precisa de sua população.

Certamente, é verdade que você não precisa usar técnicas Bayesianas para realizar esse tipo de análise. Durante décadas, técnicas frequentistas de vários tipos lidaram com esse tipo de problema. Mas as abordagens Bayesianas geralmente fornecem perspectivas diferentes das abordagens frequentistas, e essas diferenças e abordagens geralmente iluminam de maneiras que os métodos frequentistas não.

Dito isto, vamos ao código.

Opções Globais

As duas primeiras instruções no código, ambas instruções `Option`, informam ao VBA para

- Iniciar novos vetores com 1 como elemento base em vez de zero.
- Exigir que todas as variáveis sejam explicitamente declaradas em vez de criadas instantaneamente simplesmente usando-as. Descobri por meio de uma amarga experiência que estou muito melhor com essas configurações de opção do que de outra forma.

Essas opções se aplicam a todo o código que elas iniciam.

```
Option Base 1
Option Explicit
```

Variáveis Locais

Em seguida, várias variáveis são declaradas usando a instrução `Dim` (abreviação de *dimensão* [em inglês, *dimension*]). E as sub-rotinas ou funções, coletivamente denominadas *procedimentos* [em inglês, *procedures*], que seguem essas declarações de dimensão podem usar qualquer variável declarada ali. Outros procedimentos podem especificar as próprias variáveis, que são declaradas no próprio procedimento e que podem ser usadas somente nesse procedimento. Essa característica é frequentemente chamada de *escopo* da variável.

```
Dim MuCount As Integer, SigmaCount As Integer
Dim LowSigma As Double, HighSigma As Double
Dim LowMu As Double, HighMu As Double
Dim MuArray() As Double
Dim SigmaArray() As Double
Dim FactorCombs() As Double
Dim PostProduct() As Double
Dim SumLogLike() As Double
Dim ObservedCounts As Integer
Dim ValCount As Integer
Dim LogLikeMatrix() As Double
```

Especificando a Ordem de Execução

O primeiro procedimento é a sub-rotina `Driver`, que neste caso simplesmente nomeia os demais procedimentos a serem executados e fornece a ordem em que devem ser executados. Espera-se que o usuário inicie as coisas, direta ou indiretamente, informando ao procedimento `Driver` para executar.

Eu desligo a atualização da tela no início. Embora o código não grave nenhuma fórmula na planilha de saída, talvez você queira ver uma fórmula ou mais e inseri-las você mesmo. Como a atualização normal da tela torna as coisas consideravelmente lentas devido à necessidade de atualizar quaisquer fórmulas sempre que ocorre uma alteração na planilha, eu a pauso no início. E retomo-a novamente no final do código. Obviamente, você pode substituir esse comportamento, se desejar.

```
Sub Driver()
Application.ScreenUpdating = False
Mu
Sigma
PopulateFactorArrays
LoadData
LogLike
PostProds
Application.ScreenUpdating = True

End Sub
```

As aproximações de grade, quer usem um parâmetro ou mais, especificam os níveis de cada fator que a grade pretende representar. Portanto, se uma análise pretendesse dividir uma variável de resultado de acordo com o sexo e a faixa etária dos participantes, você poderia ter uma célula de design para homens com 18 anos ou menos, homens com mais de 18 anos, mulheres com 18 anos ou menos, mulheres com mais de 18 anos, e assim por diante. Dois níveis de sexo vezes dois níveis de idade resultam em quatro níveis combinados.

Curvas Normal, Mu e Sigma

Neste caso, queremos trabalhar com dois parâmetros, chamados Mu e Sigma, que são necessários para descrever uma distribuição Gaussiana, também denominada "curva normal". Observe que os nomes usados para esses parâmetros são letras gregas, a convenção frequentista tradicional para identificar quantidades que resumem sua população em vez de uma amostra e que, portanto, não podem ser calculadas diretamente. (Quando você terminar de calcular, a população terá mudado.)

A ideia usada aqui é dividir o parâmetro Mu e o parâmetro Sigma em cem níveis cada. Em seguida, o código emparelhará cada valor Mu com cada valor Sigma, criando 10 mil registros, cada um com um par exclusivo de valores Mu e Sigma.

Dividir os parâmetros em dois níveis é fácil. A faixa de valores é incorporada ao código, que atribui o valor 198,6 como a parte inferior da faixa Mu e 208,6 como a parte superior. De acordo com o parágrafo anterior, queremos que as faixas Mu e Sigma tenham cem níveis cada. Então, para Mu, é apenas uma questão de dividir o intervalo pelo número de níveis:

(208,6 – 198,6) / 100

ou 0,10, então cada intervalo no parâmetro Mu é 0,10 além de seus intervalos adjacentes. O código refere-se a essa distância pelo nome de `MuIncrement`.

```
Sub Mu()

Dim MuIncrement As Double, i As Integer

LowMu = 198.6
HighMu = 208.6
MuCount = 100

MuIncrement = (HighMu - LowMu) / (MuCount - 1)
```

O código redimensiona um array chamado `MuArray` para que ele tenha linhas `MuCount` e duas colunas. (Por convenção, o primeiro argumento é o número de linhas e o segundo é o número de colunas.) Em seguida, o código percorre `MuArray`, atribuindo um valor subsequente de Mu a cada linha na primeira coluna do array.

```
ReDim MuArray(MuCount, 1)
MuArray(1, 1) = LowMu

For i = 2 To MuCount
    MuArray(i, 1) = MuArray(i - 1, 1) + MuIncrement
Next i

End Sub
```

O mesmo processo ocorre com o array Sigma, mas, nesse caso, queremos que Sigma varie entre cem valores, de um valor baixo de 39,7 a um valor alto de 41,7. Aqui está o código:

```
Sub Sigma()

Dim SigmaIncrement As Double
Dim i As Integer

LowSigma = 39.7
HighSigma = 41.7
SigmaCount = 100

SigmaIncrement = (HighSigma - LowSigma) / (SigmaCount - 1)
```

```
ReDim SigmaArray(SigmaCount, 1)
SigmaArray(1, 1) = LowSigma

For i = 2 To SigmaCount
    SigmaArray(i, 1) = SigmaArray(i - 1, 1) + SigmaIncrement
Next i
End Sub
```

NOTA

`MuArray` e `SigmaArray` consistem cada um em duas colunas e algumas centenas de linhas. Em cada caso, a primeira coluna do array contém os níveis do fator especificado no array. Por que não declarar um array como, por exemplo, `SigmaArray(SigmaCount)` em vez de `SigmaArray(SigmaCount,1)`? A razão é que no VBA, quando você declara um array com uma instrução, a primeira instrução na declaração é interpretada como o número de colunas do array em sua primeira e única linha.

Por questão de consistência e para evitar enlouquecer, tenho o hábito de declarar arrays unidimensionais como bidimensionais, com qualquer número de linhas e uma coluna. O primeiro argumento então mostra o número de linhas que desejo que o array contenha, e o segundo argumento estabelece uma coluna: um elemento válido do array que, no entanto, força um arranjo particular das dimensões do array, de modo que faz com que a primeira instrução estabeleça linhas em vez de colunas.

Se você deseja executar o código conforme disponibilizado aqui e armazenado no site do editor, pode fazê-lo sem edições. Ou, se a presença de uma dimensão fictícia o incomodar, simplesmente altere, por exemplo, referências como `SigmaArray(SigmaCount, 1)` para `SigmaArray(SigmaCount)`.

NOTA

Se você discorda de mim neste ponto, experimente um array declarado via `Dim Horizontal (5)` e outro declarado via `Dim Vertical (5,1)`. Preencha os dois arrays, mude para uma planilha e escolha um intervalo com cinco linhas e uma coluna. Volte para o VBE, insira `Selection = Horizontal()` na janela Immediate e retorne à planilha para ver o que aconteceu com a seleção. Experimente diferentes combinações de orientação da seleção (ou seja, cinco colunas e uma linha) e qual versão do array gravar lá.

Visualizando os Arrays

Neste ponto, temos dois arrays, chamados `MuArray` e `SigmaArray`, cada um contendo cem linhas. A primeira e única coluna de cada array, em cada uma das cem linhas, contém um nível para o fator do array. Por exemplo, aqui estão as cinco primeiras linhas do array chamado `MuArray`:

198.6
198.7
198.8
198.9
199.0

e aqui estão as cinco primeiras linhas do `SigmaArray`:

39.7
39.7
39.7
39.7
39.7

Por conveniência na codificação e no rastreamento do código, queremos combinar esses dois arrays em um. Quando terminarmos essa tarefa, as primeiras cinco linhas do array resultante de duas colunas e 10 mil linhas ficarão assim:

198.6	39.7
198.7	39.7
198.8	39.7
198.9	39.7
199.0	39.7

E as cinco linhas finais do array resultante ficarão assim:

208.2	41.7
208.3	41.7
208.4	41.7
208.5	41.7
208.6	41.7

Não perca de vista o propósito de tudo isso. Entre outras coisas, estamos procurando uma combinação do parâmetro Mu e do parâmetro Sigma que juntos produzam o valor ótimo da variável de resultado. Para isso, precisamos associar um resultado observado com as diferentes combinações dos dois parâmetros, Mu e Sigma, e o presente código está se preparando para fazer essa associação.

Combinando Mu e Sigma

O procedimento a seguir combina `MuArray` com `SigmaArray` em um novo array chamado `FactorCombs`:

```
Sub PopulateFactorArrays()

Dim RowNum As Integer, i As Integer, j As Integer

ValCount = MuCount * SigmaCount
ReDim FactorCombs(ValCount + 1, 2)
RowNum = 1

For i = 1 To SigmaCount
    For j = 1 To MuCount
        FactorCombs(RowNum, 1) = MuArray(j, 1)
        FactorCombs(RowNum, 2) = SigmaArray(i, 1)
        RowNum = RowNum + 1
    Next j
Next i

End Sub
```

A sub-rotina chamada `PopulateFactorArrays` faz uso de um loop aninhado. O loop externo percorre todos os níveis do parâmetro Sigma. E, dentro de cada nível deste parâmetro, o loop interno percorre todos os níveis do parâmetro Mu. (Nesse caso, não importa qual parâmetro está no loop interno e qual está no externo.)

Terminamos com as linhas `MuCount * SigmaCount` em `FactorCombs`. Como chamamos cem níveis de Mu e cem níveis de Sigma, o array `FactorCombs` contém 10 mil linhas, contabilizando todas as maneiras pelas quais os cem níveis de Mu podem ser combinados com os cem níveis de Sigma.

Juntando os Dados

O próximo procedimento, `LoadData`, combina os valores dos fatores em `FactorCombs` com as observações salvas como uma lista em um arquivo csv ou pasta de trabalho do Excel. O endereço ocupado pelas observações é codificado como A2:A301. Observe que você pode replicar essa análise com outro conjunto de dados ajustando, no código, as linhas e colunas que contêm os dados observados e tornando a planilha que contém os dados a planilha ativa antes de iniciar o código.

Seria incomum encontrar um conjunto de observações cuja contagem se dividiria uniformemente no número de níveis combinados de Mu e Sigma que o código postulou (10 mil). Neste caso, temos trezentas observações e 10 mil níveis combinados. Isso significa que podemos associar essas trezentas observações com níveis de fator 33 vezes, com espaço para mais cem:

33 * 300 = 9900, e 10.000 - 9900 = 100.

A função `mod` ajuda aqui. Declare algumas variáveis, incluindo uma variável de objeto. A variável `Repeat` armazenará o número de vezes que os dados observados podem ser adicionados uniformemente a uma matriz chamada `LogLikeMatrix`: neste caso, são 33 vezes, conforme mostrado acima. A variável `Remain` armazenará o número de casos restantes: neste caso é cem, também como acima.

```
Sub LoadData()
Dim Obs As Range
Dim Repeat As Integer, Remain As Integer
Dim i As Integer, j As Integer, k As Integer
```

Agora atribua o intervalo A2:A301 à variável de objeto `Obs`. Isso contabiliza o número de linhas nesse intervalo para determinar o número total de casos no intervalo da planilha.

```
Set Obs = ActiveSheet.Range(Cells(2, 1), Cells(301, 1))
ObservedCounts = Obs.Rows.Count
```

Redimensione a matriz chamada `LogLikeMatrix` com o número total de níveis de fator como seu número de linhas e com cinco colunas. Quando você redimensiona uma matriz já declarada no código e o número de elementos em uma dimensão como linhas ou colunas é outra variável (como aqui, usando `ValCount` como o número de linhas), você deve redimensionar o array. Você não pode usar, digamos, `Dim Obs (ValCount)` quando, como geralmente é o caso, você declarou um array sem especificar suas dimensões. Geralmente é necessário usar a instrução `ReDim`, mas usá-la tende a diminuir a velocidade de execução. (Existem algumas outras restrições que se aplicam ao uso do `ReDim`.)

```
ReDim LogLikeMatrix(ValCount, 5)
ReDim SumLogLike(ValCount)

Remain = ValCount Mod ObservedCounts
Repeat = (ValCount - Remain) / ObservedCounts
```

Mova o conteúdo do array `FactorCombs` para as colunas 2 e 3 de `LogLikeMatrix`:

```
For i = 1 To ValCount
```

```
        LogLikeMatrix(i, 2) = FactorCombs(i, 1)
        LogLikeMatrix(i, 3) = FactorCombs(i, 2)

    Next
```

Agora insira os trezentos valores de `ObservedCounts` em `LogLikeMatrix`. Faça isso 33 vezes (ou seja, o número de vezes especificado pela variável `Repeat`).

```
    k = 1
    For i = 1 To Repeat
        For j = 1 To ObservedCounts
            LogLikeMatrix(k, 1) = Obs(j)
            k = k + 1
        Next j
    Next i
```

Termine de preencher `LogLikeMatrix` com as cem observações de dados restantes:

```
    k = 1
    For i = Repeat * ObservedCounts + 1 To ValCount
        LogLikeMatrix(i, 1) = Obs(k)
        k = k + 1
    Next i

    End Sub
```

Agora você tem um array chamado `LogLikeMatrix` que contém o conjunto de dados observados repetido 33 vezes, mais cem valores adicionais dos dados observados para preencher as 10 mil linhas em `LogLikeMatrix`. Cada valor no conjunto de dados observados é repetido 33 vezes em `LogLikeMatrix`, mais cem instâncias adicionais dos registros observados, que são, portanto, repetidos 34 vezes.

Calculando as Probabilidades

A ideia é calcular a probabilidade de cada observação em cada valor dos parâmetros Mu e Sigma. Isso é feito usando a função `NORM_DIST` do Excel VBA. Os cálculos são mostrados no código do procedimento `LogLike`.

```
    Sub LogLike()

    Dim i As Integer, j As Integer, k As Integer
    Dim CurrentMean As Double, CurrentSigma As Double
```

Escreva o conteúdo de `LogLikeMatrix` na planilha de saída começando na linha 2 e ocupando colunas A, B e C. Isso lhe dá cada combinação de níveis de fator e cada valor observado. Escrever o conteúdo não é uma etapa necessária para a análise, mas quero que você possa comparar o código com seus resultados.

```
Workbooks.Add
ActiveSheet.Name = "Output"

For i = 1 To ValCount
    ActiveSheet.Cells(i + 1, 1) = LogLikeMatrix(i, 1)
    ActiveSheet.Cells(i + 1, 2) = LogLikeMatrix(i, 2)
    ActiveSheet.Cells(i + 1, 3) = LogLikeMatrix(i, 3)
Next i
```

Forneça cabeçalhos de coluna para a saída de dados:

```
ActiveSheet.Cells(1, 1) = "Cholesterol"
ActiveSheet.Cells(1, 2) = "Mu"
ActiveSheet.Cells(1, 3) = "Sigma"
ActiveSheet.Cells(1, 4) = "LL"
ActiveSheet.Cells(1, 5) = "Prod"
ActiveSheet.Cells(1, 6) = "Prob"
```

Agora o código entra em outro loop aninhado. O loop externo vai de 1 a 10 mil (ou seja, o valor de `ValCount`). O loop interno vai de 1 a 300 (ou seja, o número de contagens totalmente observadas). A ideia é manter Mu e Sigma constantes do registro atual em `LogLikeMatrix` — esses são os valores calculados na sub-rotina `PopulateFactorArrays` anteriormente no código. Para esses valores específicos de Mu e Sigma, o código seleciona cada um dos trezentos valores no conjunto de dados observados. O código usa `NORM_DIST` para calcular a probabilidade do dado observado dado o `CurrentMu` e o `CurrentSigma`: ou seja, a que distância acima ou abaixo de Mu está a observação, em unidades Sigma? O código então acumula o log das probabilidades resultantes para cada valor observado no array chamado `SumLogLike`. Esse array eventualmente conterá a soma dos logaritmos das verossimilhanças do registro.

NOTA

> Não há nada de muito misterioso no uso de logaritmos em conjunto com as probabilidades. Algo com o qual você se acostuma na análise Bayesiana é que está trabalhando com números muito, muito pequenos. Frequentemente, você está trabalhando com números tão pequenos que o computador não consegue distingui-los, e você acaba com um monte de zeros. Ao converter

esses números em seus logs, você obtém números que podem ser manipulados aritmeticamente, incluindo a totalização dos logs, o que equivale a multiplicar os números nos quais os logs são baseados. Aqui não precisamos convertê-los de volta por meio de antilogs porque o que realmente nos interessa são os tamanhos relativos das somas dos logs, que é o que temos no final do próximo procedimento sob a forma de produtos de probabilidades.

Observe que no loop a seguir, estamos totalizando os logs de cada probabilidade observada toda vez que ela aparece com uma combinação diferente de níveis de fator, definidos por `CurrentMean` e `CurrentSigma`. (Tenha em mente que existem apenas trezentos valores observados, então esperamos que cada um apareça 33 vezes na grade expandida.) Aqui está o que acontece nos loops aninhados:

1. O loop externo percorre os 10 mil registros, pegando pelo caminho o `CurrentMean` de cada registro e seu `CurrentSigma` de `LogLikeMatrix`.

```
For j = 1 To ValCount
     CurrentMean = LogLikeMatrix(j, 2)
     CurrentSigma = LogLikeMatrix(j, 3)
```

2. O loop interno percorre os trezentos registros observados e calcula para cada um a probabilidade de observar a medida de colesterol desse registro, dados `CurrentMean` e `CurrentSigma`. O argumento `False` especifica que a medida de probabilidade *não* deve ser cumulativa.

Novamente, totalizar os logs é equivalente a multiplicar os números nos quais eles se baseiam.

```
For i = 1 To ObservedCounts

    LogLikeMatrix(i, 4) = Application.WorksheetFunction.Norm_Dist
    → (LogLikeMatrix(i, 1), CurrentMean, CurrentSigma, False)
```

O log da probabilidade atual é obtido e usado para incrementar o total corrente dos logs para a medida atual do colesterol observado.

```
         SumLogLike(j) = SumLogLike(j) + Log(LogLikeMatrix(i, 4))

    Next i
    ActiveSheet.Cells(j + 1, 4) = SumLogLike(j)

Next j
End Sub
```

No final do loop aninhado — e, portanto, do procedimento — temos um vetor de valores, um para cada um dos pontos de dados observados. Cada valor no vetor é a soma dos logs das probabilidades de observação de cada ponto de dados, condicionados aos valores de cada nível de `CurrentMu` e `CurrentSigma`.

Adicionando A Priori

Estamos no ponto em que temos uma verossimilhança. Ainda precisamos de uma a priori para que, sob os procedimentos usados na aproximação de grade, possamos combinar a verossimilhança com a priori para criar uma nova a posteriori. Escolhi usar normas publicadas de medidas de colesterol para construir a a priori. Você verá como isso é feito usando a função `NORM.DIST` do Excel em um procedimento que está a seguir, o `PostProbs`.

A priori pode ser qualquer conjunto racional de valores que você desejar. Se você não tem ideia de como a priori deve ser distribuída, pode começar com uma a priori muito fraca, como uma a priori que atribui um caso a cada categoria na distribuição. Como coletamos dados empiricamente para trabalhar aqui, podemos começar com esses dados como nosso anterior. (Uma a priori fraca é aquela cujo efeito sobre a posteriori é superado pelos efeitos muito mais fortes da verossimilhança.)

NOTA

> Os dados vêm de um relatório de 2013 do *National Institutes of Health* (NIH). A média e o desvio padrão dos níveis plasmáticos de colesterol total foram 203,6 e 40,7 mg/dl. Um artigo na revista *Circulation* relata uma correlação de 0,30 entre a idade e o nível de colesterol total.

```
Sub PostProds()

Dim i As Integer
Dim UniformSigma As Double
Dim PostProbs() As Double
Dim MaxProd As Double

ReDim PostProduct(ValCount)
ReDim PostProbs(ValCount)
UniformSigma = Log(1 / 50)
```

O código que acabamos de mostrar inicia o processo de multiplicar a priori pela verossimilhança para obter a distribuição a posteriori declarando e dimensionando diversas variáveis necessárias. A variável `UniformSigma` também é declarada e calculada para dar a ela um valor constante. Discutirei o uso de `UniformSigma` com mais detalhes em breve.

O código agora entra em um loop que é executado uma vez para cada combinação que calculamos — portanto, 10 mil vezes ou `ValCount`. O código calcula 10 mil valores para a variável chamada de `PostProduct`. Essa variável acaba sendo o produto entre a priori e a verossimilhança. E isso, com uma pequena modificação, acaba sendo a distribuição a posteriori nesta análise.

Cada valor de `PostProduct` é uma combinação de três componentes:

- `SumLogLike(i)`

  Esta é a soma dos logs das verossimilhanças de cada valor observado nas várias combinações de `MuArray` e `SigmaArray`. Essas somas são calculadas no procedimento chamado `LogLike` e constituem a parte da verossimilhança da adição.

- `Log(Application.WorksheetFunction.Norm_Dist (FactorCombs (i, 1), 204, 41, False))`

  Esse é o valor de a priori. Ele fornece a probabilidade de observar um determinado valor de colesterol (neste caso) em uma distribuição cuja média é 204, cujo desvio padrão é 41, e que *não* é uma probabilidade cumulativa, mas sim a probabilidade relativa de um ponto específico. Observe que o código adiciona o log dessa probabilidade — a priori — ao valor atual de `SumLogLike` — a verossimilhança, também um log (veja abaixo esta operação).

- `UniformSigma`

  Isso funciona de forma muito parecida com a função beta discutida no Capítulo 3. Seu propósito é escalar as probabilidades para 1,0 ou 100%. O Capítulo 3 discute esse processo no contexto de uma análise com apenas um parâmetro. No presente caso, podemos declarar um intervalo para Sigma enquanto economizamos algum tempo de CPU. A densidade de uma distribuição uniforme é dada, na linguagem do R, por uma função como `dunif (post$sigma , 0 , 50 , TRUE)`, onde Sigma é um valor a posteriori para o parâmetro de desvio padrão, enquanto 0 e 50 são os mínimos e máximos, respectivamente, que você permite para o Sigma a priori. O código VBA calcula o intervalo min – máx (aqui, 50), e fornece seu recíproco (1 / 50).

  Seu log é obtido, portanto, quando é usado no cálculo da verossimilhança a partir de a priori, você o adiciona em vez de multiplicá-lo. Por fim, é uma adição de logaritmos (ou um produto de probabilidades) porque o código fornece o recíproco — você adiciona logs para multiplicar probabilidades e soma os recíprocos de logs para dividi-los.

Aqui, definimos a priori como uma média de 198,6 e um desvio padrão de 41, gerando uma densidade de verossimilhança diferente para cada combinação (única) de níveis de fator.

```
For i = 1 To ValCount
    PostProduct(i) = SumLogLike(i) +
    →Log(Application.WorksheetFunction.Norm_Dist
       →(FactorCombs(i, 1), 198.6, 41, False)) + UniformSigma
    ActiveSheet.Cells(i + 1, 5) = PostProduct(i)
Next i
```

Em seguida, o código calcula o valor máximo no array `PostProduct` (ou seja, o array de produtos resultante da multiplicação das a priori e das verossimilhanças):

```
MaxProd = WorksheetFunction.Max(PostProduct)
```

Em seguida, o código subtrai o valor máximo no array `PostProduct` de cada valor nesse array e converte o resultado da escala de log de volta para a escala de probabilidade usando a função de planilha `EXP` do Excel.

O valor resultante não é um valor de densidade verdadeiro, mas a probabilidade relativa para essa combinação do valor do resultado e o emparelhamento de cada nível de fator. É, nesse sentido, uma probabilidade a posteriori relativa, obtida na escala logarítmica subtraindo o produto máximo de cada produto — equivalente a usar antilogs para dividir o produto pelo produto máximo e, em seguida, obter o antilog do resultado.

Esse processo é análogo a dividir cada verossimilhança pela verossimilhança máxima, mas, em vez de obter um lote de zeros, você obtém verossimilhanças expressas como proporções do produto máximo.

```
For i = 1 To ValCount
    PostProbs(i) = Exp(PostProduct(i) - MaxProd)
    ActiveSheet.Cells(i + 1, 6) = PostProbs(i)
Next i
End Sub
```

Fazendo o Inventário dos Resultados

Então, agora você tem uma distribuição a posteriori descrita por essas colunas na planilha de saída:

- Colesterol
- Mu: A média não observada dos níveis de colesterol na população.
- Sigma: O desvio padrão não observado dos níveis de colesterol na população.
- LL: A verossimilhança logarítmica de obter uma observação de colesterol específica em uma distribuição com uma determinada média e desvio padrão. O valor é o total das probabilidades de log para essa observação em um determinado número de médias de amostra e desvios padrão.
- Prod: O total de uma determinada observação, o valor a priori para essa observação e o inverso do valor constante para o desvio padrão. Esse total é um logaritmo, portanto, usando o inverso `Exp` converte o total para um produto em uma escala de probabilidade (em vez de em uma escala logarítmica).
- Prob: a probabilidade associada a um determinado nível de colesterol, um nível de Mu e um nível de Sigma. Os valores mostrados não são probabilidades reais, mas sim desvios da probabilidade calculada da probabilidade máxima no conjunto de dados. Isso é feito para evitar valores causados por falta de precisão total no computador que é usado.

Agora, o que você pode fazer com esses dados? Voltarei aqui à sintaxe da fórmula do R. Você pode, se desejar, executar todos os cálculos descritos neste capítulo usando VBA e Excel, ou pode traduzi-los do VBA para a linguagem de programação do R. Mais uma vez, forneci a análise usando VBA e a planilha do Excel porque essa abordagem fornece um conjunto de exemplos muito mais claro do que as funções R. Depois de dominar o raciocínio, recomendo que você use R como uma ferramenta de software muito mais eficaz para análise estatística.

Visualizando os Resultados a partir de Diferentes Perspectivas

O R tem uma ampla variedade de recursos estatísticos que são adequados para a análise Bayesiana. Você pode explorá-los, se desejar, salvando o resultado da análise fornecida neste capítulo em um arquivo csv e, em seguida, usando a função `read.csv` do R para extrair os dados resultantes para um data frame, que fornece uma maneira prática de apresentar os dados para as funções estatísticas de R.

Suponha que você queira encontrar o valor máximo de probabilidade na coluna final da a posteriori descrita aqui. Uma maneira de fazer isso pode ser a seguinte:

1. Salve a planilha no formato csv com um nome como `grid.csv`.
2. Mude para o R.
3. Use **Arquivo**, **Mudar dir** para alterar o diretório de trabalho para o local onde você salvou o arquivo csv.
4. Digite esta fórmula:

```
example <- read.csv("grid.csv")
```

(Lembre-se de que a sintaxe do R diferencia maiúsculas de minúsculas e muitas funções do R devem ser digitadas inteiramente em letras minúsculas.) O R não apenas lê o conteúdo do arquivo chamado `grid.csv`, mas também armazena o conteúdo em um data frame chamado, aqui, de `example`.

Agora, para obter o valor máximo encontrado, digamos, na coluna `prob` do data frame de `example`, você pode usar esta função:

```
max(example$prob)
```

que com este conjunto de dados e esta análise, retorna esta resposta:

```
[1] 1
```

o que significa que 1,0, ou 100%, é o valor máximo de probabilidade encontrado naquela variável. Apenas uma instância desse valor é encontrada e essa instância é identificada como [1]. Se você quiser localizar o registro completo, poderá usar esta função:

```
which.max(example$prob)
```

e o R retorna:

```
[1] 9988
```

que informa que o 9.988º registro contém o valor máximo de `prob`. Dessa forma, você poderia dizer que um determinado membro da distribuição, com o 9.988º valor de Mu e Sigma, tem a maior probabilidade de ser observado. Novamente, apenas um registro tem o valor máximo e é identificado como `[1]` nos resultados da função.

Sabendo que o data frame tem 10 mil registros, você pode visualizar os 15 registros finais (que, portanto, devem incluir o 9.988º) com isto:

```
tail(example,15)
```

Aqui está uma amostra de cinco registros do que o R mostraria:

```
9996   9996   208.1960   41.7   -1545.883   -1554.432   0.9430137
9997   9997   208.2970   41.7   -1545.898   -1554.448   0.9287113
9998   9998   208.3980   41.7   -1545.914   -1554.465   0.9130118
```

```
9999   9999   208.4990   41.7   -1545.933   -1554.483   0.8959936
10000  10000  208.6000   41.7   -1545.953   -1554.504   0.8777409
```

Use head em vez de tail para obter os cinco primeiros registros.

Se você deseja visualizar uma variável específica, uma maneira é com a função curve, que desenha um tipo específico de gráfico. O mostrado na Figura 5.1 mostra o anterior para Mu, com base em uma amostra aleatória de 10 mil registros com uma média de 204 e um desvio padrão de 41. Essa curva é sobreposta por uma curva normal calculada — portanto, o código para criar o gráfico é o seguinte:

```
library(rethinking)
random_mu <- rnorm( 10000 , 204, 41 )
random_sigma<-runif(10000, 20,100)
prior_choles <- rnorm( 10000 , random_mu , random_sigma )
dens( prior_choles, norm.comp = TRUE )
title("Random sample of Mu from Prior")
```

Alguns comentários sobre a Figura 5.1:

Figura 5.1
Amostras para o parâmetro Sigma, que tem uma cauda direita caracteristicamente inclinada.

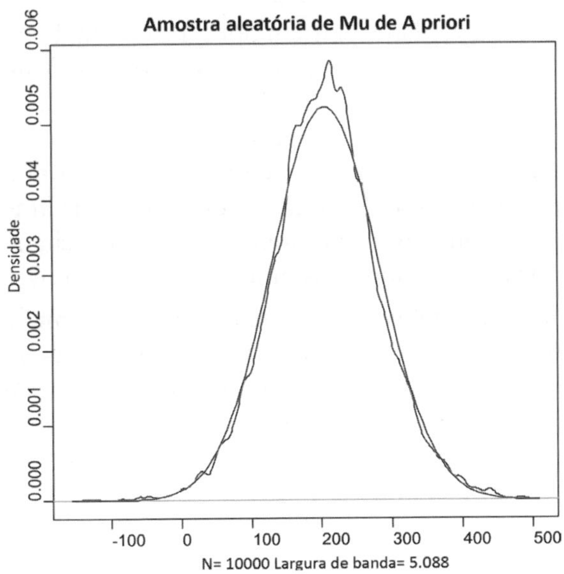

- Se você decidir executar o código que cria o gráfico na Figura 5.1, tenha cuidado ao executá-lo passo a passo usando a sequência Ctrl+R. Essa sequência de teclado exige que o R execute a linha de código indicada pelo cursor I piscando *na janela ativa*. O problema é que assim que a linha de código que cria o gráfico é executada, o gráfico se torna a janela ativa, não a janela que contém o script. Então, se você quiser executar os comandos um a um, tome cuidado para reativar a janela de código antes de executar, digamos, o comando `title`.

- Da mesma forma, se você decidir usar o comando `Run all` em vez do comando `Run line or selection`, certifique-se de ativar a janela de script antes de escolher `Run all`. Caso contrário, o R não saberá onde procurar o script.
- A entrada `N = 10000` no rótulo do eixo X é autoexplicativa: cada gráfico é baseado em 10 mil registros. A entrada `Bandwidth` é um pouco mais complicada. É uma medida do grau de dispersão no conjunto de dados que é plotado. É uma combinação não intuitiva do desvio padrão e do intervalo interquartílico.
- A razão crítica para traçar uma a priori é verificar se suas suposições são consistentes com a realidade. Então, se o seu gráfico se parece com uma linha reta enquanto você espera que um gráfico da distribuição a posteriori se assemelhe à distribuição normal padrão, pode ser que algo esteja errado. Claro, tudo pode ficar bem se você postulou uma a priori fraca para começar — mas você foi alertado para a possibilidade.
- Observe que, na verdade, existem dois gráficos na Figura 5.1. Um é o ligeiramente irregular, que representa amostras aleatórias de uma distribuição normal com média 204 e desvio padrão 4.1. O outro gráfico é muito mais suave e representa uma curva normal, calculada em vez de observada. A ideia é dar-lhe uma pedra de toque que sugira com que precisão, ou quão pobremente, sua amostra se assemelha ao ideal que você está presumindo. Você chama essa curva de comparação incluindo o argumento `norm.comp` na função `dens`.

Nem todas as variáveis nesse tipo de análise se assemelham a curvas normais. Se você mover uma curva para a direita ou para a esquerda em seu eixo x, a média aumenta ou diminui de acordo. O mesmo não acontece com a variância ou o desvio padrão. Eles são fixados por restrições, como valores positivos e constantes onde quer que você mova a média. A Figura 5.2 mostra Sigma plotado contra uma faixa de valores para Mu.

Figura 5.2
Gráfico de densidade para desvio padrão constante: na faixa de valores possíveis para a média, o desvio padrão é uma constante.

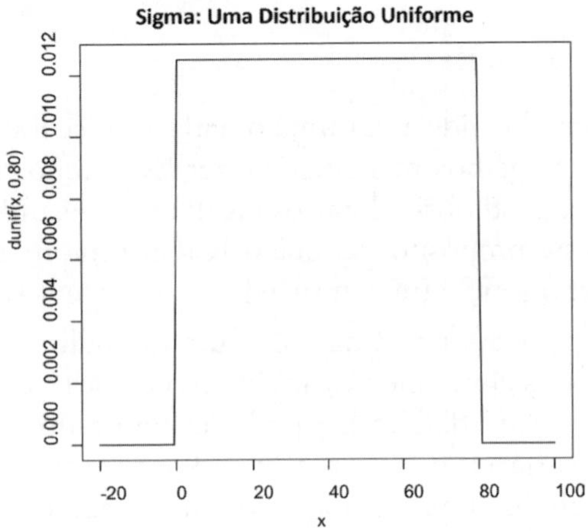

Se você estiver interessado em estatísticas resumidas, talvez queira apresentar as funções `PI` e `precis`. A Listagem 5.1 mostra a função `precis`, que fornece um resumo rápido das variáveis em seu data frame (aqui chamado de `post`). O código para chamar as informações é bastante simples, dado um data frame como `post`:

```
precis(post)
```

e o R responde com a Listagem 5.1

LISTAGEM 5.1 ESTATÍSTICAS RESUMIDAS PARA UM DATA FRAME A POSTERIORI.

```
'data.frame':  10000 obs. of 5 variables:
            mean    sd      5.5%     94.5%
mu        203.60  2.92    199.11    208.09
sigma      40.70  0.58     39.80     41.60
LL      -1548.19  2.14  -1552.33  -1545.93
prod    -1556.74  2.14  -1560.88  -1554.48
prob        0.32  0.32      0.00      0.90
```

Dependendo do hardware e software que seu computador está executando, você também pode ver histogramas miniaturizados à direita do nível de confiança superior de cada variável.

A Listagem 5.2 mostra uma inferência estatística univariada, baseada em `PI(post$prob)`. O intervalo padrão é 89% em vez dos 90% ou 95% mais comuns, aparentemente devido à aversão do desenvolvedor pelos limites (amplamente arbitrários e convencionais) como 5% e 95% ou 2.5% e 97.5%.

LISTAGEM 5.2 INTERVALO DE CONFIANÇA PARA A PROBABILIDADE DE UM DATA FRAME A POSTERIORI.

```
5%            94%
0.00149278    0.89731833
```

Também é uma boa ideia dar uma olhada na distribuição a posteriori dos parâmetros. Uma boa maneira de fazer isso é amostrar (com reposição) a partir da a posteriori, plotar os resultados e examiná-los. Eu volto para o R para esse propósito, porque o R tem uma maneira inteligente de controlar como a amostragem sucede.

Se você optar por usar o R para executar a análise que discuti neste capítulo, terá vários componentes analíticos em variáveis que pertencem a um data frame. Esse data frame pode ser nomeado como `Posterior`. Então, entre as variáveis que pertencem a `Posterior` estaria uma talvez denominada `Probability`. No ponto em que o código VBA é concluído, `Probability` não desempenha nenhum papel sobre se algum dos 10 mil registros pertence aos outros 9.999. O código apenas alinhou o primeiro registro de colesterol com o primeiro mu e o primeiro sigma, o segundo com o segundo e assim por diante.

O R (mas não o VBA) tem uma função que não apenas amostra registros de uma amostra maior (ou população), mas também seleciona um registro com base em sua probabilidade de ocorrência na amostra maior. Você precisa do R para acessar o data frame discutido neste capítulo. Caso use o código R para construir o data frame, o R terá acesso a ele automaticamente.

Se, em vez disso, você usar o código VBA para construir um data frame, precisará fazer com que o R puxe o data frame para seu espaço de trabalho. O código VBA abre automaticamente uma pasta de trabalho do Excel que contém uma única planilha chamada Output. Essa planilha contém o quadro de dados, que compreende 10 mil linhas e 6 colunas. Salve-a como um arquivo csv no diretório de trabalho do R. Você pode nomear a pasta de trabalho como quiser ao salvá-la, mas, para os propósitos em questão, vou chamá-la de `choles output.csv`.

Em seguida, você pode usar a função `read.csv` do R para extrair os dados para um data frame em R. Nomearei esse data frame como `posterior`.

```
posterior <- read.csv("choles output.csv",header = TRUE)
```

O código extrai uma amostra de 10 mil registros do data frame chamado a posteriori. Esta é uma amostragem de 100%, mas é praticamente certo que alguns registros serão extraídos mais de uma vez do data frame e alguns não serão selecionados. O termo para isso é *amostragem com reposição*. Depois de extrair, digamos, o registro 123 da fonte, você o substitui na fonte para que fique disponível posteriormente para amostragem repetida.

O argumento `replace` para a função `sample` especifica que a probabilidade atribuída ao registro no código principal deve ser usada como a probabilidade de que o registro será amostrado. Isso significa que um registro com um valor `prob` de 0.0000001 terá muito menos probabilidade de ser amostrado do que um registro com um valor `prob` de 0.0001.

```
sample.rows <- sample(1:nrow(posterior), size=1e4, replace=TRUE ,
    → prob=posterior$Prob )
```

O vetor chamado `sample.rows` agora contém os números de índice de 10 mil registros que foram amostrados. Usamos `samples.rows` como um argumento para a função `sample` que realmente extrai os registros do data frame.

```
sample.mu <- posterior$Mu[sample.rows]
hist(sample.mu)
```

Finalmente, dizemos a R para mostrar a variável `sample.mu` em um histograma (veja a Figura 5.3).

Figura 5.3
A distribuição do colesterol total em adultos após combinar os efeitos da a priori com os efeitos da verossimilhança.

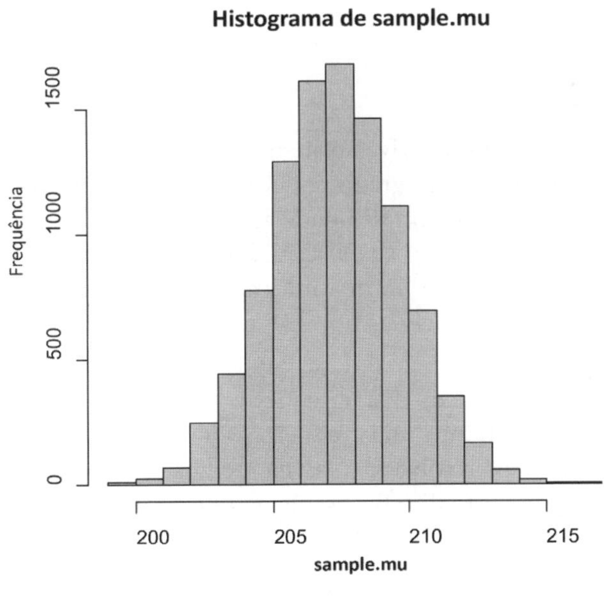

Para comparação, a Figura 5.4 mostra um histograma dos níveis de colesterol observados que, juntos, compõem a verossimilhança usada nesta análise. A adição de verossimilhança à análise claramente puxa a distribuição para uma curva normal clássica.

Figura 5.4
Uma ligeira distorção nas medidas brutas de colesterol.

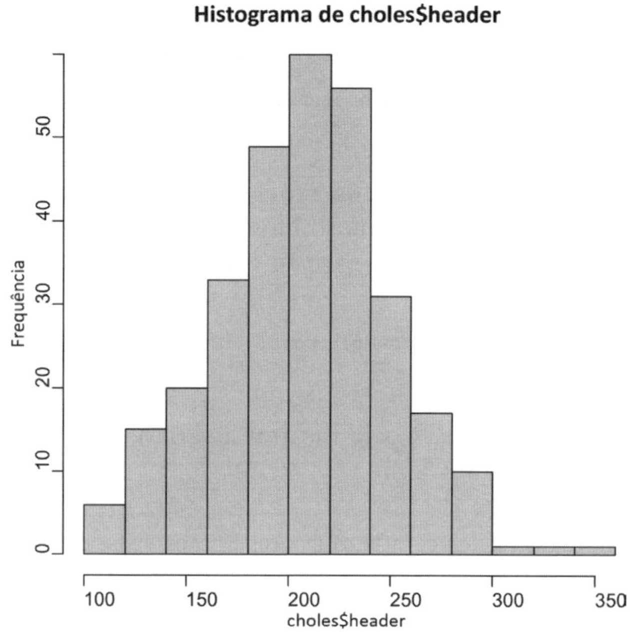

Resumo

Este capítulo tem dois objetivos principais: um é mostrar como o código para uma aproximação de grade pode se tornar complexo quando você adiciona parâmetros. A complexidade adicional retarda o processamento a ponto de a análise perder sua eficácia, o que torna as estratégias alternativas, como a aproximação quadrática e MCMC, muito mais atraentes. Discutirei essas estratégias no restante deste livro.

O outro propósito principal deste capítulo é dar a você uma noção de como a aproximação e as distribuições a posteriori funcionam juntas. Sempre achei que quanto mais maneiras você tiver de resolver um problema, mais fácil será resolvê-lo. Não há melhor maneira de obter diferentes pontos de vista na análise Bayesiana do que comparar o R com o Excel.

Regressão Usando Métodos Bayesianos

6

NESTE CAPÍTULO

Os estatísticos usam o termo *regressão* de maneira bastante vaga.

Na sua forma mais simples, o termo refere-se à média dos produtos das pontuações z correspondentes — também conhecido como coeficiente de correlação de Pearson. Em sua forma mais antiga, o termo se refere à tendência das alturas dos filhos de regredir em direção à média das alturas de seus pais. Quando aplicado a categorias como meio de transporte, marca do carro ou presença de defeito em um produto manufaturado, costuma ser chamado de *regressão logística*. Quando tipos particulares de esquemas de codificação são aplicados a variáveis independentes, que são manipuladas pelo pesquisador e não apenas observadas, é frequentemente denominado *modelo linear geral*. E em um projeto experimental verdadeiro, o propósito da análise de regressão não é simplesmente prever, mas, mais tipicamente, explicar. Dependendo do contexto, então, a *regressão* pode implicar uma variedade de propósitos estatísticos e metodológicos.

Regressão à la Bayes

Portanto, não deveria ser surpreendente que a abordagem Bayesiana da regressão pareça muito diferente da abordagem frequentista. Suponha que você queira entender melhor a relação entre a quantidade de gordura consumida por adultos durante um ano e a quantidade de colesterol de lipoproteínas de baixa densidade (LDL) encontrada em amostras de sangue de adultos parecidos no final do ano.

Supondo que você não tenha dificuldades intransponíveis com a aquisição de bons dados, você está pronto para quantificar a relação entre o LDL e o consumo de gordura. Praticamente qualquer aplicativo projetado para retornar análises numéricas fornecerá as estatísticas resumidas que você procura:

- **Coeficiente de correlação.** Um número entre –1,0 e +1,0 que expressa a direção e a força da relação entre duas variáveis. Uma correlação de 1,0 descreve uma relação perfeita e positiva, como altura em polegadas com altura em centímetros. Uma correlação de –1,0 descreve uma relação negativa perfeita. Um exemplo de relação negativa perfeita é a correlação entre o número de respostas corretas em um teste com o número de respostas incorretas no mesmo teste.
- **R^2.** O quadrado da correlação entre uma variável predita e uma ou mais variáveis preditoras. Acredito que o uso exige que a abreviação seja maiúscula (R^2) com mais de um preditor e minúscula (r^2) com apenas um preditor.
- **Inclinação ou coeficiente de regressão.** O gradiente de uma linha que mostra onde os valores de x, como pontuação no golfe, se conectam com os valores de y previstos, como anos jogando golfe (consulte a Figura 6.1). Você deve se lembrar desse conceito ensinado no ensino médio como "crescimento a longo prazo".

Figura 6.1

Uma linha de regressão se inclina para cima quando a correlação é positiva, como calorias consumidas e peso. Ela se inclina para baixo, como aqui, quando a correlação é negativa, como o número de anos jogando golfe e a pontuação média no golfe.

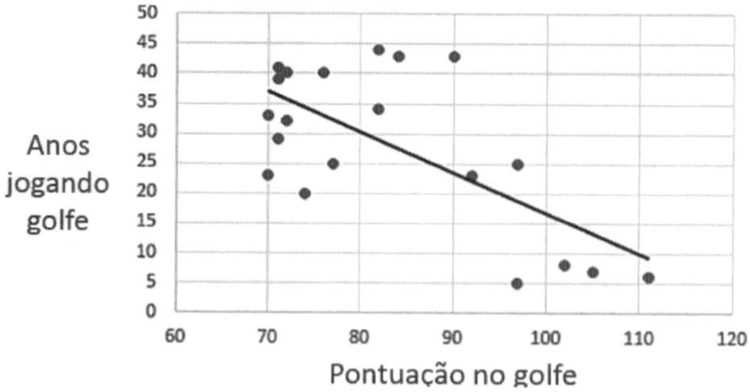

Todas as estatísticas recém-nomeadas — e mais — são retornadas por qualquer pacote de estatísticas confiável, certamente vários pacotes fornecidos pelo R e até mesmo pelos veneráveis BMD e Lotus 1-2-3. O que distingue a abordagem Bayesiana da análise de regressão é que ela não maximiza ou minimiza o valor de alguma função como R^2 para chegar a uma solução; esse é o objetivo das abordagens frequentistas. Os métodos Bayesianos buscam maximizar as probabilidades de resultados específicos.

Um dos nomes para regressão frequentista é *análise de mínimos quadrados*. Os algoritmos frequentistas calculam a combinação de preditores que minimiza os desvios quadrados dos valores da variável preditora observada em relação aos valores preditos. Os valores das estatísticas restantes fluem dessa descoberta: R^2, a razão F, os erros padrão do intercepto e os coeficientes, o erro padrão da estimativa e assim por diante.

A abordagem de mínimos quadrados para análise de regressão funciona com uma, duas, três ou mais variáveis preditoras. O trabalho da regressão é combinar esses preditores para criar uma nova variável. Eles são combinados multiplicando cada preditor por seu coeficiente e, em seguida, somando os produtos dos preditores e seus coeficientes. A regressão faz o trabalho pesado quando otimiza esses coeficientes.

Então, a regressão calcula a correlação entre, por um lado, a variável observada ou de resultado e, por outro lado, as variáveis preditoras combinadas. Faça uma pequena alteração no valor de uma das variáveis preditoras — digamos, mude de 5.00 para 5.01 — e normalmente as outras variáveis mudam em resposta: seus coeficientes de regressão, os erros padrão dos coeficientes de regressão, R^2, a razão F, as somas dos quadrados — qualquer coisa exceto os graus de liberdade.

A Figura 6.2 mostra um exemplo.

Figura 6.2
Os valores no intervalo B2:D6 são idênticos aos de B8:D12 com uma exceção: o valor em C2 foi alterado de 0.4099 para 0.4100 na célula C8. Mas as estatísticas de regressão em F2:H6 são diferentes daquelas em F8:H12, com exceção dos graus de regressão de liberdade.

	A	B	C	D	E	F	G	H
1		Var Predita	Var 1 Preditora	Var 2 Preditora			Função LINEST	
2		0.0720444	0.4099454	0.8970701		-0.8552480	0.0435339	0.86527927
3		0.9376171	0.0357070	0.4126903		1.2591799	0.6822929	0.75772504
4		0.3118101	0.0839030	0.7633509		0.2249511	0.4557012	#N/A
5		0.0173270	0.0077816	0.4376309		0.2902411	2.0000000	#N/A
6		0.2831541	0.9347938	0.7263672		0.1205450	0.4153271	#N/A
7								
8		0.0720444	0.4100000	0.8970701		-0.8552467	0.0435292	0.86527935
9		0.9376171	0.0357070	0.4126903		1.2592127	0.6823037	0.75773407
10		0.3118101	0.0839030	0.7633509		0.2249507	0.4557013	#N/A
11		0.0173270	0.0077816	0.4376309		0.2902405	2.0000000	#N/A
12		0.2831541	0.9347938	0.7263672		0.1205448	0.4153273	#N/A

Análise de Amostra de Regressão

Para preparar o terreno para uma comparação da análise de regressão Bayesiana com os mínimos quadrados tradicionais, a Figura 6.2 mostra os fundamentos de uma análise muito pequena, renderizada no Excel. Ela inclui:

- Valores em B2:D6, que são usados como entradas para a função `LINEST` (`PROJ.LIN` na versão em português) do Excel.
- Valores no intervalo C2:D6, que contém duas variáveis preditoras nas colunas C e D.
- Valores nas células B2:B6, que contêm uma variável predita.
- A função `LINEST`, no intervalo F2:H6, que contém e exibe os resultados da função. Por exemplo, o conteúdo de cada célula em F2:H6 é calculado com a fórmula dinâmica que é repetida aqui:

```
=LINEST(B2:B6,C2:D6,,TRUE)
```

NOTA

> Essa fórmula é conhecida como fórmula de matriz *dinâmica* nas versões mais recentes do Excel, lançadas no período de 2021. Versões anteriores do Excel usam uma fórmula de matriz *legada*, que exige que o usuário comece selecionando o intervalo a ser ocupado pela fórmula de matriz e insira a fórmula por meio de Ctrl+Shift+Enter, em vez de apenas Enter. Um dos resultados das alterações feitas na maneira como o Excel lida com fórmulas é que agora você pode inserir uma fórmula `LINEST` sem precisar começar selecionando o intervalo de destino completo ou inserindo a fórmula por meio de Ctrl+Shift+Enter. Se preferir, você pode começar selecionando uma célula e terminar com Enter em vez de Ctrl+Shift+Enter. A fórmula de matriz herdada aparece na planilha entre chaves. A fórmula de matriz dinâmica aparece na planilha sem essas chaves.

- Depois de inserir a fórmula em F2:H6 da Figura 6.2, copiei e salvei como os *valores* do resultado em F8:H12. Isso porque quero que você possa usar o Solver do Excel ou alterar os coeficientes de regressão manualmente, para poder comparar os resultados dessa alteração com os resultados originais. Ao fazer isso, você pode demonstrar por si o que acontece quando você tenta maximizar a precisão da regressão ajustando os coeficientes retornados e a interceptação. (Você não pode alterar apenas parte de uma fórmula de matriz; é tudo ou nada. Mas se você salvou os resultados de `LINEST` como valores, pode alterar qualquer um desses valores como quiser.)

- O valor previsto da equação de regressão para o primeiro dos cinco registros é mostrado na célula L2 da Figura 6.3. Ele é calculado com esta equação:

```
=$H$2+$G$2*C2+$F$2*D2
```

que é então copiado e colado em L3:L6 da Figura 6.3.

Figura 6.3

Uma pequena mudança nos dados de entrada ou em um coeficiente de regressão pode resultar em uma mudança dramática nos resultados.

	A	B	C	D	E	F	G	H	I	J	K	L
1		Var Predita	Var 1 Preditora	Var 2 Preditora		Função LINEST				Valores preditos		Fórmulas para valores preditos
2		0.072	0.410	0.897		-0.855	0.044	0.865		0.116		0.116
3		0.938	0.036	0.413		1.259	0.682	0.758		0.514		0.514
4		0.312	0.084	0.763		0.225	0.456	#N/A		0.216		0.216
5		0.017	0.008	0.438		0.290	2.000	#N/A		0.491		0.491
6		0.283	0.935	0.726		0.121	0.415	#N/A		0.285		0.285
7												
8							Desvios quadrados:			0.002		0.002
9										0.180		0.180
10										0.009		0.009
11										0.225		0.225
12										0.000		0.000
13												
14						Soma dos desvios quadrados:				0.415		0.415

DICA

> Você pode obter o mesmo efeito usando a função `TREND` (`TENDÊNCIA` na versão em português) do Excel. Usei a abordagem `LINEST` porque queria mostrar as etapas explicitamente.

- Também inseri as fórmulas em L2:L6 *como valores* em J2:J6 primeiro copiando as fórmulas e depois colando-as em J2:J6, escolhendo uma das opções Colar Valores.
- Por fim, inseri fórmulas para a soma dos desvios quadrados em J8:J12 e L8:L12 e suas somas em J14:L14.

Abra a pasta de trabalho do Excel para este capítulo e ative a planilha chamada *Fig 6.3*. Verifique se as somas dos desvios quadrados são 0,415.

Agora, altere o valor de um ou ambos os coeficientes de regressão nas células F2, G2 ou H2. Torne sua entrada um valor numérico. Observe que os valores exibidos nas células J14 e L14 não são mais iguais. Enquanto você está nisso, pode notar que o valor em L14 agora é maior que o valor mostrado na célula J14.

O valor na célula J14 permanece inalterado em relação ao seu valor original. É por isso que salvei os resultados da função `LINEST` em F2:H6 — para que não fosse afetado pela seleção de um valor diferente para o coeficiente de regressão na célula F2, G2 ou H2. De qualquer forma, a soma dos desvios quadrados em L14 aumentou acima de seu valor quando os resultados `LINEST` não foram alterados. E isso significa que a equação de regressão não está fazendo um trabalho tão preciso de previsão de resultados quanto quando você deixou seus coeficientes sozinhos.

Qual é o sentido disso tudo? É que as técnicas tradicionais de mínimos quadrados para análise de regressão não dizem necessariamente o que você precisa ou quer saber sobre a relação entre uma variável de resultado e uma ou mais variáveis preditoras. Obviamente, você não deseja ignorar a estimativa pontual tradicional que é retornada pelos cálculos tradicionais de R^2 mas também não deve ignorar os resultados dos cálculos que retornam um R^2 — e as estatísticas associadas — que não atendem ou excedem o critério de R^2 maximizado.

Para manter alguma flexibilidade em suas ferramentas analíticas, é uma boa ideia visualizar os resultados de uma análise de regressão por meio de lentes frequentistas e Bayesianas. Já discuti algumas das questões que envolvem a abordagem frequentista neste capítulo — em particular, a função de planilha `LINEST` — então agora olharemos primeiro os métodos de regressão que dependem fortemente da álgebra matricial e, em seguida, em uma alternativa da caixa de ferramentas Bayesiana, a função `quap` do R.

Métodos de Álgebra Matriciais

Suponha que você assumiu o trabalho da regressão como seu, em uma situação que exigia que você previsse o valor de uma variável de resultado, dado o conhecimento de três variáveis preditoras, denominadas *Var 1*, *Var 2* e *Var 3*. Você decide afirmar, por decreto, que cada variável preditora deve ser multiplicada por um coeficiente de regressão de 1. Então a equação de regressão ficaria assim:

```
(1 * Var 1) + (1 * Var 2) + (1 * Var 3) = Predicted variable
```

Não há nada que o impeça de fazer isso, mas é extremamente improvável que os coeficientes de regressão escolhidos, uma sequência de 1s, funcionem melhor do que quaisquer outros coeficientes que você possa escolher. No entanto, você terá concluído um requisito básico da análise de regressão: uma sequência de variáveis, cada uma multiplicada por seu coeficiente de regressão e somadas para criar uma nova variável composta.

NOTA

> Este é o significado do termo regressão *múltipla*. Você tem diversas variáveis preditoras e uma variável de resultado. Outros tipos de análise, como ANOVA multivariada, empregam múltiplas variáveis de resultado. Mas, no caso da regressão, a palavra múltiplo pertence às variáveis preditoras, não à variável predita. Isso leva à confusão em muitas aulas de estatísticas básicas a intermediárias.

Durante anos, pacotes estatísticos como o Systat e aplicativos ainda mais generalizados, como o Excel, usaram a álgebra matricial para resolver as equações normais da regressão. Esses processos falharam em operar com sucesso quando foram apresentados a conjuntos de dados que envolviam uma severa multicolinearidade, que ocorre quando duas ou mais variáveis preditoras em uma equação de regressão são fortemente ou mesmo perfeitamente correlacionadas.

Quando essa situação ocorre, ela pode desviar os resultados da álgebra matricial. Separando os componentes da matriz de uma regressão múltipla, você descobre que o processo envolve o cálculo das somas dos quadrados e da matriz de produtos cruzados [em inglês, *sums of squares and cross products matrix* — SSCP]. Em seguida, o inverso da SSCP é calculado. Se os valores de um dos campos na matriz de dados original for uma função linear de outro desses campos, então o inverso da SSCP não pode ser calculado. (Isso geralmente ocorre porque o determinante da SSCP é zero.)

Esse problema era conhecido nos últimos anos do século passado, mas não foi resolvido, em grande parte porque foi necessária uma sequência incomum de eventos para que o problema surgisse. Além disso, o usuário que se deparou com o problema recebeu um aviso de erro, às vezes na forma de uma longa mensagem de texto, às vezes na forma do valor #NUM! na célula do Excel. Portanto, existia uma oportunidade para o usuário reconhecer que um erro incomum havia ocorrido e possa corrigi-lo no arquivo de dados.

Mas os usuários não gostaram de saber de um problema remanescente, embora incomum, em seu software, então os desenvolvedores aplicaram uma abordagem chamada *decomposição QR* no lugar da álgebra matricial existente. É a abordagem que você encontra no Excel e em outros pacotes de análise numérica até a publicação deste livro em 2022.

No entanto, a decomposição QR não corrige verdadeiramente o problema de multicolinearidade, que não é uma situação estritamente ou/ou. Quando um campo é uma função linear quase perfeita de outro, podem surgir problemas com erros de arredondamento, os quais podem reduzir a precisão dos resultados da análise.

Alguns editores de software adotaram a solução sensata de exibir um zero em vez de um coeficiente de regressão calculado quando a decomposição QR detecta a presença de multicolinearidade. Isso tem o efeito — possivelmente útil, possivelmente desastroso — de eliminar o campo associado da equação de regressão. Dependendo da natureza da função linear, o software de regressão pode definir o coeficiente de regressão e seu erro padrão como zero.

Por ora, porém, voltaremos nossa atenção para alguns dos elementos críticos da função `quap`.

Entendendo quap

A função `quap` do R ocupa uma posição entre a aproximação de grade mais simples (mas muitas vezes esquisita) e o MCMC mais sofisticado (mas muitas vezes obscuro). Podemos também começar com o nome da função: `quap` é uma abreviação de *aproximação quadrática*. (A funcionalidade também é chamada de *aproximação de Laplace*.)

Nos bastidores, o software faz uma *aproximação* da densidade da distribuição a posteriori (o produto das a priori e das observações) do parâmetro que queremos saber; por exemplo, um coeficiente de regressão em uma equação de regressão múltipla. Para isso, o software utiliza uma função quadrática; daí o termo *aproximação quadrática*.

A função `quap` é capaz de retornar uma variedade de análises que suportam métodos Bayesianos. No entanto, seu objetivo principal é construir uma distribuição a posteriori a partir de amostras que estejam em conformidade com os requisitos que você fornece. Isso geralmente inclui a localização e a distribuição das distribuições Gaussianas a partir das quais as a priori são montadas. Outro propósito que a função `quap` atende é definir as relações entre as variáveis em sua análise.

Veremos como esses processos podem dar suporte a uma função `quap`, que dá suporte à versão Bayesiana da análise de regressão simples (ou seja, de preditor único). Começamos limpando a casa:

```
library(rethinking)
setwd("C:/Users/Smith/Documents")
PropTaxes <- read.csv("Assessments.csv")
```

A função `quap` faz parte do pacote `rethinking`, então comece carregando o `rethinking`. Você precisará instalar o `rethinking` primeiro, se ainda não o fez.

Não é necessário definir o diretório de trabalho por meio da função `setwd` se seu arquivo de dados já estiver armazenado lá; caso contrário, use `setwd` para apontar o R na direção certa ou copie o arquivo no diretório de trabalho atual.

A terceira linha do código R acima assume que seus dados estão em um arquivo csv chamado `Assessments.csv`, então leia os dados no espaço de trabalho do R a partir desse arquivo e atribua-lhe o nome `PropTaxes`. Tenha em mente que a função `read.csv` resulta em um data frame, então agora você tem um data frame chamado `PropTaxes`. (Não se esqueça de que nomes no R, incluindo nomes de arquivos, diferenciam maiúsculas de minúsculas.)

Aqui está a próxima linha no código R:

```
MeanValue <- mean(PropTaxes$Value)
```

Esta instrução estabelece uma nova variável denominada `MeanValue` a partir da variável denominada `Value`. É a média aritmética da variável para todos os casos no data frame `PropTaxes`. O código subtrai esse valor médio de cada valor observado, alterando a natureza da variável de uma observação bruta para um valor médio corrigido. Nesse ponto, `MeanValue` não é mais uma avaliação medida em dólares, mas um desvio da avaliação média, medida em dólares. Existem alguns bons motivos analíticos para mudar o significado da variável `Value` dessa maneira, mas o objetivo principal aqui é esclarecer o significado do coeficiente de regressão resultante.

Veremos isso em breve. Enquanto isso, observe que quando a função `setwd` cria o novo data frame do arquivo de dados `Assessments.csv`, ela anexa o campo `Value` como uma variável. Você pode abordar essa variável diretamente fornecendo o nome do quadro de dados, seguido do cifrão `$`, seguido do nome da variável. Por exemplo:

```
PropTaxes$Value
```

A limpeza acabou e agora é hora de construir o modelo para a análise. O primeiro passo é nomear o modelo, que aqui terá o nome `AssessModel`. As especificações que seguem o nome da função no código serão usadas para estruturar o `AssessModel`. Essas especificações são atribuídas ao modelo por meio do operador de atribuição, que em R é indicado pelo símbolo de menor seguido de um traço: <-. (Às vezes, embora raramente, o sinal de igual é usado em vez de <-.)

```
AssessModel <- quap(
  alist( . . .
```

Aqui, o resultado retornado pela função `quap` é salvo em um novo objeto (um modelo) chamado `AssessModel`. O modelo é criado na forma de uma lista criada pela função `alist`. Os elementos que pertencem à lista são fórmulas e como tal podem incluir referências a variáveis e parâmetros que ainda não estão prontos para uso. Por exemplo:

```
Tax ~ dnorm( mu , sigma ) ,
```

Esta é a *fórmula modelo*, e pode ser usada como um componente da lista montada pela função `alist`. Uma lista criada por `alist` tem algumas diferenças importantes em relação a uma lista que resulta de `c` ou da função `list`; por exemplo, os elementos da lista não são necessariamente avaliados de maneira imediata. No exemplo anterior, o valor de `Tax` pode ser lido como dependente da finalidade da função `dnorm` e dos parâmetros `mu` e `sigma`. Se ainda não sabemos quais valores usar para `mu` e `sigma`, ainda não podemos avaliar `dnorm` ou seus resultados. Mas não se preocupe: vamos avaliá-los em breve.

Então, esse é o primeiro componente da lista. Foi aqui que paramos:

```
Tax ~ dnorm( mu , sigma ) ,
```

O operador til é usado com frequência em fórmulas `quap` e seu efeito pode depender do contexto. Aqui, quer dizer que `Tax` será mais ou menos distribuído como uma curva normal com `mu` e `sigma` como seus parâmetros. Em português, `Tax` depende do resultado retornado por `dnorm` quando tem `mu` e `sigma` como seus argumentos.

Como acabei de observar, o código ainda não tem esses valores. Enquanto esperamos por eles, trabalharemos com o `dnorm`, que é uma abreviação de *densidade normal*. Ele diz a R para olhar na curva normal e retornar a densidade (neste contexto, densidade significa probabilidade) quando valores foram atribuídos a `mu` e `sigma`.

ESTUDO DE CASO: FAZENDO O INVENTÁRIO DOS TIPOS DE DISTRIBUIÇÃO

O R fornece suporte para dezessete tipos de distribuição (além de várias menos comuns), incluindo beta, binomial, qui-quadrado, F, gama, log-normal, Poisson, t e uniforme.

Cada tipo de distribuição pode ser acessado para retornar a sua probabilidade, probabilidade cumulativa, quantis e valores aleatórios. A primeira letra da função denota o tipo de informação a retornar. As quatro letras usadas são *d*, *r*, *p*, e *q*.

Assim, por exemplo:

- A letra *d*, anexada a *norm* para formar *dnorm*, retorna a probabilidade (densidade) da distribuição normal em um determinado valor x.

- Anexar *r* a *binom* retorna números aleatórios da distribuição binomial por meio de *rbinom.*
- A função *pf* retorna a probabilidade cumulativa da distribuição F.
- A função *qlnorm* retorna quantis da distribuição *log-normal.*

Continuando o Código

A instrução R que eu estava prestes a discutir antes de introduzir o tópico da sintaxe da função distributiva do R é

```
Tax ~ dnorm( mu , sigma ) ,
```

Essa declaração estabelece que `Tax` compreende os parâmetros `mu` e `sigma`, mas ainda não sabemos como eles estão envolvidos. Pelo que sabemos, `Tax` pode ser a soma de `mu` e `sigma`, ou sua diferença, ou sua proporção — é muito cedo para saber. Mas sabemos que você pode especificar a distribuição Gaussiana normal com apenas dois parâmetros:

- A média da distribuição, geralmente denominada *mu*. O parâmetro mu localiza a distribuição ao longo do eixo horizontal. Assim, a média das pontuações de QI de uma população pode ser 100; a média do escore de colesterol HDL de uma população pode ser de 65 mg/dl. É a tendência central da curva normal.
- O desvio padrão da distribuição, geralmente denominado *sigma*. Numa distribuição Gaussiana, cerca de 34% dos casos situam-se entre a média e um sigma acima da média, e outro abaixo dela; outros 13,6% situam-se entre um e dois sigmas acima (e outro abaixo) da média; e 2,1% cai três sigmas acima e abaixo da média. É uma medida da dispersão da distribuição: a largura da distribuição, em relação à sua altura.

O software que realmente executa a análise estatística Bayesiana precisa saber de alguma forma como são as distribuições subjacentes, e os argumentos para a função `quap` em R fornecem essa capacidade. Como a distribuição Gaussiana requer muito pouca informação para ser estruturada — isto é, a média e o desvio padrão —, fica fácil de codificar.

Além disso, muitos tópicos de interesse para as formas de vida seguem o modelo de uma distribuição normal padrão, e o fazem intrinsecamente. Por conseguinte, geralmente não é necessário fornecer um código que leve em consideração distribuições anômalas, como curvas bimodais, formas altamente distorcidas e ajustes que exijam algum tipo de esforço extra.

Um Exemplo Completo

Vamos dar uma engrossada nesse caldo. Suponha que você esteja interessado na relação entre o peso corporal e os níveis de colesterol LDL. Você tem uma hipótese simples e direta de que, em igualdade de condições, existe uma relação direta entre o peso corporal de uma pessoa e seu nível de LDL. Para aproveitar as ferramentas que o `quap` fornece, você precisará de um `alist`, semelhante ao código a seguir:

```
library(rethinking)
adult.weight <- read.csv("Sample Weight Data.csv")
```

A instrução `read.csv` tenta abrir o arquivo chamado `Sample Weight Data.csv` no diretório de trabalho. Você pode incluir o caminho do arquivo no argumento para `read.csv`; caso lide com isso dessa maneira, lembre-se de que o R usa barras, não barras invertidas, para delimitar nomes de pastas em endereços de arquivo. Ou você pode salvar o arquivo de dados no que você sabe ser o diretório de trabalho atual do R.

```
sample.mean.wt <- mean(adult.weight$Weight)
  ldl.model <- quap(
    alist(
        LDL ~ dnorm( mu , st.dev.wt ) ,
         mu <- alpha + beta *( adult.weight$Weight - sample.mean.wt ) ,
```

Dei a essas duas variáveis na definição de `mu` os nomes de `alpha` e `beta`, porque é assim que elas são normalmente referidas na literatura sobre regressão simples (ou seja, não múltipla: apenas um preditor): `alpha` é o intercepto e `beta` é o coeficiente da regressão.

Agora precisamos estabelecer a tendência central e a dispersão de `alpha` e `beta` a priori. Podemos dizer a `quap` que `alpha`, o intercepto da equação, tem uma média de 20 e um desvio padrão de 20:

```
alpha ~ dnorm( 20 , 20 ) ,
```

e que `beta`, o coeficiente de regressão, tem uma média de 0 e um desvio padrão de 1:

```
beta ~ dnorm( 0 , 1 ) ,
```

e que o desvio padrão do peso corporal segue uma distribuição uniforme com uma média de 0 e seu desvio padrão de 50:

```
        st.dev.wt ~ dunif( 0 , 50 )
    ) , data = adult.weight)
precis(ldl.model)
```

E você precisará de um conjunto de observações armazenadas no arquivo csv `Sample Weight Data.csv`, que são armazenadas temporariamente por R na estrutura chamada `adult.weight`. Aqui estão as primeiras observações em `adult.weight`. Observe que a primeira linha do arquivo csv contém nomes de campo. O argumento do cabeçalho `read.csv` é definido como `True` quando a primeira linha da tabela contém um nome de campo a menos que o número de colunas da tabela. (Isso geralmente é verdade quando a primeira coluna contém números de linha, mas não é o caso aqui.)

Weight	LDL
165	37
118	48
114	61
117	55
108	33

E aqui estão os resultados da execução do código, mostrados na forma `precis`:

> precis(ldl.model)

	mean	sd	5.50%	94.50%
alpha	58.27	1.63	55.6	60.8
beta	0.06	0.07	-0.03	0.2
st.dev.wt	11.53	1.16	9.68	13.38

Você pode comparar os resultados do R com os do Excel executando `LINEST`. A função `LINEST` (inserida normalmente nas versões atuais do Excel, selecionando uma única célula e usando Enter em vez de Ctrl+Shift+Enter) é

```
=LINEST(B2:B51,A2:A51-AVERAGE(A2:A51),,TRUE)
```

Aqui estão os resultados da execução da função `LINEST` do Excel:

0.064249	58.52
0.070996	1.655082
0.016775	11.7032
0.818952	48.0
112.1677	6574.312

Os resultados `LINEST` exigem um pouco de mapeamento:

- O valor na primeira linha e na coluna mais à direita de `LINEST` (aqui, 58.52) é sempre o intercepto da equação. Observe que o modelo `quap` retorna um valor de 58.27 (segunda linha, segunda coluna do resumo `precis`). Os dois valores são bastante próximos e a diferença é facilmente atribuível ao erro de amostragem no modelo `quap`.
- O valor na primeira linha e na coluna mais à esquerda de `LINEST` (aqui, 0.064) é sempre o coeficiente de regressão final. Nesse caso,

como solicitamos apenas um coeficiente, ele também é o primeiro e único coeficiente da equação.

- O valor na segunda linha e na coluna mais à direita de `LINEST` (aqui, 1.655) é o erro padrão do intercepto. É sempre nessa célula, dos resultados de `LINEST`, diretamente abaixo do intercepto. Seu valor é bem próximo ao retornado por `precis` em sua terceira coluna, segunda linha, 1.63.
- O valor na segunda linha e na coluna mais à esquerda de `LINEST` (aqui, 0.071) é o erro padrão do coeficiente de regressão. Os valores na segunda linha dos resultados de `LINEST` são sempre o erro padrão da estatística na mesma coluna, primeira linha.
- O valor na terceira linha e na coluna mais à direita de `LINEST` (aqui, 11.7) é o erro padrão da estimativa e está bem próximo da estimativa `precis` de 11.53. Suponha que você pegou todas as observações em um determinado valor do preditor e encontrou o desvio padrão da diferença entre seus valores reais e os valores preditos na variável predita. Esse é o erro padrão da estimativa e ajuda a decidir se a equação de predição é mais precisa em alguns níveis do preditor do que em outros.

Compare os resultados da análise de regressão conforme retornados pelo Excel com aqueles retornados pelo `quap` por meio de `precis`. Está claro que onde as duas abordagens retornam as mesmas análises (por exemplo, interceptos, coeficientes, erros padrão), a abordagem Bayesiana e a abordagem frequentista são idênticas ou muito próximas.

E você pode obter esses resultados sem se arriscar no caminho tortuoso da multicolinearidade. O que torna este um bom momento para ir mais além na regressão múltipla.

Projetando a Regressão Múltipla

Suponha que você tenha dados sobre cinquenta carros, incluindo o peso de cada carro em libras, velocidade média na qual ele foi dirigido e milhas médias por galão (MPG). Você está interessado no efeito que o peso e a velocidade média de um carro têm sobre as milhas por galão de combustível que o carro alcança[2].

Uma maneira de abordar o problema é com uma análise usando Peso [em inglês, *Weight*] como única variável preditora e outra usando Velocidade [em inglês, *Speed*] como única preditora. Você pode escolher

2. Serão mantidas as unidades de medida do Sistema Imperial neste exemplo, pois são os termos e as medidas utilizados na sua codificação. [N. do T.]

a análise que retorna o maior valor de R^2 como aquela a ser usada na avaliação de MPG previstas de um carro.

Um problema em executar e comparar as duas análises é que as duas variáveis preditoras, Velocidade e Peso, podem não ser independentes uma da outra; ou seja, elas podem estar correlacionadas e, portanto, compartilhar a variância. Nesse caso, você não pode dizer quanto da variância compartilhada é compartilhada por Velocidade e MPG e quanto é compartilhada por Peso e MPG. Mas é muito provável que a execução de duas análises e a soma dos valores de R^2 dupliquem parte da variância (porque ela é compartilhada pelas duas variáveis preditoras) e, portanto, o engane quanto à força das relações.

Somente nos casos limites em que as variáveis preditoras não compartilham variância umas com as outras (portanto, são independentes) ou nos quais estão perfeitamente correlacionadas (portanto, compartilham toda a sua própria variância), você pode dizer o que está acontecendo. Claro, esse tipo de independência ou dependência completa aparece apenas em amostras distribuídas nas aulas de estatística. (Uma exceção ocorre quando a regressão é usada em detrimento da análise de variância e as variáveis preditoras categóricas são projetadas para serem independentes umas das outras.)

Quer seu interesse principal seja a variação total na variável de resultado associada à variação em ambas as variáveis preditoras ou o valor total compartilhado com cada um dos preditores, você precisará organizar as coisas para combinar os preditores sem duplicar contando a variância compartilhada com o resultado. A regressão múltipla faz isso para você, seja por meio de álgebra matricial ou por meio de decomposição QR, e eu não teria gastado tanta tinta e papel com o assunto se os métodos Bayesianos também não fizessem isso.

Organizando uma Regressão Múltipla Bayesiana

Anteriormente neste capítulo, descrevi como fornecer argumentos para uma função `quap` que suporta uma regressão de preditor único. Vou analisá-lo brevemente aqui. Você fornece estes argumentos:

- Uma variável que representa o resultado para cada caso, como as MPG de um carro, geralmente o nome da variável de resultado. Por exemplo:

```
MPG <- dnorm ( mu, sigma)
```

especifica que a densidade de MPG é normalmente distribuída (`dnorm`) com uma média de `mu` e um desvio padrão de `sigma`. Essa variável de resultado geralmente é inserida em um data frame junto com o preditor (veja abaixo).

- Um parâmetro, muitas vezes, mas não necessariamente denominado `mu`, que representa o resultado da equação de regressão. Por exemplo:

```
mu <- alpha + beta ( predictor )
```

- Parâmetros, muitas vezes mas não necessariamente denominados `alpha` e `beta`, que representam a constante (ou o intercepto) e o coeficiente (ou a inclinação) na equação de regressão.
- Um parâmetro, muitas vezes, mas não necessariamente denominado *sigma*, que representa o desvio padrão da variável de resultado. Isso determina a dispersão da distribuição da variável de resultado em seu eixo x.
- Um data frame que contém, no mínimo, os valores para a variável de resultado (neste exemplo, `MPG`) e para uma variável preditora como `Speed`. O data frame pode ser denominado `CarData`.

Aqui está como a função `quap` pode aparecer para uma análise de `MPG` dada uma única variável preditora, `Speed`:

```
CarQuap <- quap(
       alist(
               MPG ~ dnorm ( mu, sigma )
               mu <- alpha + beta ( Speed )
               alpha ~ dnorm ( 0, 1 )
               beta ~ dnorm ( 0, 1 )
               sigma ~ dexp (1)
       ), data = CarData )
```

Alguns comentários sobre os argumentos da função `quap`:

- Como mencionei neste capítulo, geralmente é uma boa ideia padronizar os valores que você fornece para a variável de resultado e a(s) variável(is) preditora(s) antes de passá-los adiante para `quap`. Isso minimiza os efeitos que os estouros numéricos podem ter nos resultados da análise. Você pode usar uma função do R, `standardize`, para resolver isso para você, ou pode subtrair o valor médio de uma variável de cada valor real e dividir cada resultado pelo desvio padrão da variável. (Os resultados geralmente são chamados de *escores z*.)

- Um resultado dessa padronização é que os escores z terão uma média de 0 e um desvio padrão de 1. Muitas vezes funciona bem, especialmente se você padronizou os preditores e a variável de resultado, usar 0 e 1 como a média e sigma dos argumentos `dnorm` que descrevem as distribuições de `alpha` e `beta`.
- Observe o uso do til em vez de um operador de atribuição em várias linhas do código `quap`. Isso simplesmente indica que um parâmetro deve ser distribuído como a densidade de, neste caso, uma curva normal.
- Neste exemplo, `sigma` é especificado como `sigma ~ dexp(1)`. A função `dexp` retorna a densidade da distribuição exponencial, que é pai de uma variedade de outras distribuições contínuas, como Gaussiana-normal, Gama, Poisson e Binomial.

  A distribuição exponencial tem um parâmetro, taxa (ou lambda); por outro lado, a distribuição Gaussiana tem dois: a média e o desvio padrão. Na sintaxe do R, o parâmetro de taxa da distribuição exponencial é 1 por padrão, e a função `dexp` retorna a probabilidade de densidade para o quantil associado, `x` (ou 1 como aqui). Entre outras razões, a distribuição exponencial é útil para especificar o sigma, porque a exponencial é restrita a retornos positivos e o desvio padrão é, por definição, uma quantidade positiva.

Isso é tudo que você precisa para uma regressão simples de uma variável de resultado em um preditor. Para adicionar um preditor e analisar o efeito simultâneo de dois em uma variável de resultado, você precisa de quatro itens omitidos da análise de preditor único:

1. O preditor adicional chamado `Weight` deve ser adicionado ao data frame de entrada chamado `CarData` acima.
2. O coeficiente de regressão adicional, para `Weight`, deve ser especificado pela adição desta linha de código:

   ```
   Weight_beta ~ dnorm ( 0, 1 )
   ```

3. Além disso, para maior clareza, faz sentido editar a especificação existente para o coeficiente `Speed` para ficar assim:

   ```
   Speed_beta ~ dnorm ( 0, 1 )
   ```

4. O preditor `Weight` e seu coeficiente devem ser adicionados à equação de regressão. No exemplo de variável única, essa equação se parece com isso:

   ```
   mu <- alpha + beta ( Speed )
   ```

   No exemplo de duas variáveis, a equação se parece com isso:

   ```
   mu <- alpha + Speed_beta ( Speed ) + Weight_beta (Weight)
   ```

O exemplo de código completo pode ficar assim:

```
library(rethinking)
setwd("C:/Users/conra/Documents/Pearson Bayes/Drafts/Ch 6")
CarDataFrame <- read.csv("Cars.csv")
#Pode ser necessário ajustar o caminho para o arquivo .csv em seu
computador
#As três variáveis são denominadas Spd, Wt e Mileage
#no arquivo csv. Elas são salvas como dados recém-padronizados
#com novos nomes (Velocidade, Peso e MPG) nas
#mesmas etapas que os padronizam.
CarDataFrame$Speed <- standardize( CarDataFrame$Spd )
CarDataFrame$Weight <- standardize( CarDataFrame$Wt )
CarDataFrame$MPG <- standardize( CarDataFrame$Mileage )
regmodel <- quap(
alist(
MPG ~ dnorm( mu , sigma ) ,
mu <- a + ( Speed_beta * Speed ) + ( Weight_beta * Weight ) ,
a ~ dnorm( 0 , 1 ) ,
Weight_beta ~ dnorm ( 0, 1 ) ,
Speed_beta ~ dnorm ( 0, 1 ) ,
sigma ~ dexp( 1 )
) , data = CarDataFrame )
```

Você pode obter informações resumidas usando a função `precis` da biblioteca rethinking. Basta fornecer o nome do modelo quap que você acabou de criar e especificar o número de algarismos significativos, se desejar:

```
precis(regmodel, digits=6)
```

Aqui está o que o `precis` retorna:

	mean	sd	5.50%	94.50%
a	-1.1E-05	0.131111	-0.20955	0.20953
Weight_beta	-0.30059	0.137421	-0.52021	-0.08096
Speed_beta	-0.01806	0.137417	-0.23768	0.201556
sigma	0.93517	0.092242	0.78775	1.08259

(Os limites de 5.50% e 94.50% são como o desenvolvedor do pacote rethinking escolhe protestar contra os critérios convencionais e arbitrários de, por exemplo, intervalos de confiança de 5% e 95%.)

Para verificar seu trabalho, considere executar um pacote de regressão verdadeiro nos dados que esta seção analisou. Uma maneira conveniente, usando preditores contínuos e um resultado como aqui, é usar o pacote `lm`. Se você fizer isso depois de executar sua análise Bayesiana, poderá aproveitar o data frame que acabou de criar. Por exemplo, você pode obter algumas informações resumidas dessas duas instruções, que retornam os resultados mostrados na Figura 6.4:

```
Car_lm <- lm (CarDataFrame$MPG ~ CarDataFrame$Speed + CarDataFrame$Weight)
   summary(Car_lm)
```

Figura 6.4
A função `lm` executa uma análise de regressão múltipla tradicional.

```
> Car_lm <- lm (CarDataFrame$MPG ~ CarDataFrame$Speed + CarDataFrame$Weight)
> summary(Car_lm)

Call:
lm(formula = CarDataFrame$MPG ~ CarDataFrame$Speed + CarDataFrame$Weight)

Residuals:
   Min     1Q Median     3Q    Max
-1.824 -0.834 -0.139  0.925  1.723

Coefficients:
                     Estimate Std. Error t value Pr(>|t|)
(Intercept)         -3.04e-16   1.38e-01    0.00    1.000
CarDataFrame$Speed  -2.00e-02   1.45e-01   -0.14    0.890
CarDataFrame$Weight -3.07e-01   1.45e-01   -2.12    0.039 *
```

Observe primeiro que a interceptação e os coeficientes retornados por `lm` estão próximos de a (alfa) e Velocidade e Peso (betas) retornados por `quap` e `precis`, mas não os duplicam com precisão. Isso se deve em grande parte ao uso tradicional da regressão do R^2 máximo como critério de que uma solução foi alcançada.

NOTA

> Ao fazer suas comparações, tenha em mente que `lm` e `precis` podem exibir os coeficientes de regressão de maneira diferente do outro.

Além disso, por padrão, `lm` retorna apenas três algarismos significativos, mas você pode escolher o número de dígitos com o argumento `digits` do `quap`. Você pode querer comparar até, digamos, oito dígitos nos coeficientes de regressão. Uma maneira de fazer isso é por meio da função `options`. Por exemplo, estas funções:

```
options(digits=4)
coef(Car_lm)
```

retornam estes resultados:

```
(Intercept)  CarDataFrame$Speed CarDataFrame$Weight
 -3.036e-16           -2.005e-02          -3.066e-01
```

mas estas funções:

```
options(digits=6)
coef(Car_lm)
```

retornam estes resultados:

```
(Intercept)  CarDataFrame$Speed CarDataFrame$Weight
 -3.03642e-16         -2.00472e-02          -3.06564e-01
```

(Nos dois últimos exemplos, usei a função `coef` em vez da função `summary` para economizar espaço mostrando apenas os coeficientes.)

Existem muitas maneiras de especificar formatos numéricos em R. A instrução `options`, que acabamos de discutir, pertence às funções básicas de R, enquanto a especificação `digits` pertence, entre muitas outras, à função `quap`. Esta situação tende a tornar as coisas mais confusas, em vez de menos.

Resumo

E esse é o ponto principal deste capítulo: esclarecer os aspectos da análise Bayesiana sem confundi-lo com detalhes obscuros, como a física da amostragem em um contexto MCMC. É minha intenção, e acredito que a intenção do autor de `quap`, Richard McElreath, fornecer um trampolim de uma discussão simplificada de aproximação de grade para um ensaio supercomplexo sobre regressão multinível. É importante entender como e por que as técnicas Bayesianas requerem uma definição da distribuição de suas variáveis. Assim, você estará em uma posição muito melhor para entender também o funcionamento de variáveis nominais e MCMC, os tópicos dos dois últimos capítulos deste livro.

Manipulando Variáveis Nominais

7

NESTE CAPÍTULO

Nos últimos capítulos, dedicamos bastante tempo a alguns tópicos teóricos e básicos. Acho que foi um tempo bem gasto, porque é difícil entender como e por que a análise Bayesiana funciona sem entender como esses tópicos entram em campo. Mas agora que abordamos questões como distribuições beta e binomial, bem como as versões Bayesianas da análise de regressão simples e múltipla, está definitivamente na hora de olhar pelo outro lado do telescópio.

Uma das primeiras, senão a primeira, técnicas inferenciais ensinadas nas aulas de estatística de nível universitário é o *teste t*. O objetivo de um teste t fundamental e básico é determinar se os valores médios de dois grupos, em uma variável contínua, são diferentes de forma confiável. (No entanto, os testes t não se limitam a testar uma diferença entre valores médios. Eles podem ser usados, por exemplo, para testar a diferença entre um coeficiente de regressão e zero. Mas os procedimentos de cálculo são muito diferentes para médias e para coeficientes de regressão.)

Um pesquisador pode selecionar aleatoriamente um grupo de mulheres e outro grupo de homens e medir as alturas de cada indivíduo em cada grupo. O pesquisador poderia então usar um teste t para determinar se a diferença na altura média dos dois grupos é estatisticamente confiável — isto é, se o experimento fosse repetido, qual seria a probabilidade de que o mesmo resultado fosse observado?

Ou, um pesquisador pode selecionar aleatoriamente dois grupos de pacientes para ver se uma vacina tem o mesmo impacto em homens e mulheres, conforme medido por uma contagem de anticorpos. Essa abordagem, na qual o pesquisador usa a seleção aleatória para atribuir indivíduos a um grupo com tratamento ou sem tratamento, geralmente define a atribuição do grupo como uma variável independente e a contagem de anticorpos como a variável dependente. A hipótese é que qualquer diferença na contagem de anticorpos dos grupos depende da atribuição do grupo e os grupos são equivalentes devido à atribuição aleatória.

O teste t faz algumas suposições e, em alguns casos, você pode escapar delas ao violá-las:

- **Distribuição normal.** O teste t assume que a variável dependente é distribuída nas populações como uma variável Gaussiana normal. Embora essa suposição tenha sido feita quando o teste t estava em desenvolvimento, acabou tendo um efeito insignificante nos resultados do teste t.
- **Homogeneidade de variância.** As variâncias da variável dependente são consideradas iguais nas populações. Novamente, a violação dessa suposição pode ser considerada insignificante se as amostras tiverem o mesmo tamanho — isto é, se $n_1 = n_2$.
- **Independência de observações.** Essa suposição é extremamente importante: violá-la tem sérias consequências para a precisão das probabilidades associadas aos resultados experimentais. Você pode evitar esse tipo de erro por meio de uma seleção e atribuição aleatórias cuidadosas, em oposição a uma amostragem de "conveniência" de sujeitos. Você quer ter certeza de que a seleção e atribuição de um sujeito a um determinado grupo não afeta a seleção e atribuição de outro sujeito. Isso pode ocorrer se, por exemplo, uma de suas amostras incluir vários membros da mesma família porque você os selecionou por uma questão de conveniência. Particularmente com medidas mais brandas, como atitudes políticas, o casal Charlie e Susan não contribui com observações independentes, e isso prejudica sua estimativa das probabilidades. O casal poderia reagir de maneira diferente se não se conhecesse.

Outro ponto a ter em mente é que é importante evitar vários testes t. Suponha que você selecione aleatoriamente trinta indivíduos de uma população e, em seguida, atribua aleatoriamente esses indivíduos a três grupos separados. Em seguida, você executa três testes t para ver se as médias de zero, um ou dois grupos diferem significativamente das outras médias, digamos, no nível de confiança de 0,05. Mesmo que você tenha tomado cuidado para garantir a equivalência dos grupos por meio de atribuição aleatória, os próprios testes não serão estatisticamente independentes uns dos outros. A probabilidade é maior que 0,05 de que a "significância" estatística de pelo menos uma das comparações esteja errada. Discuto esse problema com maiores detalhes mais adiante neste capítulo. (O problema é que cada teste t subsequente usa parte do espaço de probabilidade original, e o teste t não tem um método totalmente aceitável de correção para isso. E esse é apenas mais um motivo para considerar uma abordagem Bayesiana.)

NOTA

Vários procedimentos foram projetados para evitar o problema de variâncias e tamanhos de grupo desiguais, entre eles o método de Scheffe, o teste Honestamente Significativo de Tukey e os testes de Bonferroni e Newman-Keuls. Menciono aqui o método do teste t múltiplo porque é um teste aparentemente sensível — mas não se houver mais de dois grupos envolvidos.

Visto de uma perspectiva Bayesiana, os modelos multiníveis abordam esses problemas usando ferramentas como o *agrupamento parcial* [em inglês, *partial pooling*], que melhora a precisão das estimativas ao mudar seu posicionamento. A discussão aprofundada desses métodos está além do escopo deste livro, mas o uso de variáveis nominais em modelos de regressão linear está dentro dele.

Usando Codificação Fictícia

O termo *codificação fictícia* geralmente significa que você usa 1s e 0s para demonstrar associação, ou falta dela, nos grupos relevantes. A escolha de 1s e 0s é totalmente arbitrária, desde que seja internamente consistente. Você poderia usar *omelete* para representar um homem, desde que usasse para representar todos os homens no estudo.

Você pode ter cinco Democratas e cinco Republicanos, por exemplo, com os dados apresentados na Figura 7.1.

Figura 7.1
Os 1s no vetor Group indicam quais casos pertencem ao Partido Republicano.

	A	B	C	D	E	F	G
1	Variável de resultado	Pontos de discussão	Grupo		RESUMO RESULTADOS		
2	1	Republicano	1				
3	3	Republicano	1		*Estatísticas de Regressão*		
4	3	Republicano	1		R Múltiplo	0.045407661	
5	7	Republicano	1		R Quadrado	0.002061856	
6	9	Republicano	1		R Quadrado Ajustado	-0.122680412	
7	3	Democrata	0		Erro Padrão	2.459674775	
8	6	Democrata	0		Observações	10	
9	5	Democrata	0				
10	4	Democrata	0				
11	4	Democrata	0				
12							
13						*Coeficientes*	*Erro Padrão*
14	Resultado da média, Republicano	4.6			Intercepto	4.4	1.1
15	Resultado da média, Democrata	4.4			Grupo	0.2	1.555634919

Suponha novamente que você pegou uma amostra aleatória de dez eleitores em potencial de um grupo de alunos do ensino médio. Você fez com que cada um deles lesse uma lista de pontos de discussão preparados por dois candidatos locais para uma disputa do conselho escolar. A codificação fictícia, conforme mostrado na Figura 7.1, é uma maneira de apresentar os resultados do estudo para análise estatística. Usando essa abordagem, os cinco sujeitos no intervalo A2:C6 da Figura 7.1 são identificados como Republicanos pelos 1s na coluna C. Os sujeitos restantes nas linhas 7 a 11 ocupam o intervalo A7:C11.

Ainda na Figura 7.1, observe as médias de dois grupos em outcome variable — talvez o número de contribuições financeiras feitas durante um ano — mostrado nas células B14 e B15. O valor da média para os democratas, aos quais foram atribuídos 0s no vetor Group, é idêntico ao intercepto mostrado na célula F14. Observe também que o coeficiente de regressão (neste caso, o único coeficiente de regressão na equação de regressão) é igual à diferença média entre os dois grupos. As características da análise de regressão combinadas com codificação fictícia serão úteis quando observarmos como o R faz regressão com um resultado contínuo e variáveis independentes nominais.

Na época em que as pessoas usavam calculadoras de mão de maneira rotineira para realizar regressão múltipla, sistemas de codificação como codificação fictícia e codificação de efeito eram populares em parte porque tornavam alguns cálculos auxiliares muito mais fáceis. Por exemplo:

- Observe na Figura 7.2 que o grupo de eleitores independentes recebe 0s nas colunas C e D, que contêm os vetores que codificam a preferência de filiação. Se você executasse uma análise de regressão múltipla dos dados da Figura 7.2, descobriria que o intercepto da equação de regressão é igual à média do grupo ao qual são atribuídos 0s.

- O coeficiente de regressão de um grupo é igual à diferença entre a média desse grupo e a média do grupo ao qual são atribuídos 0s.

Outros atalhos estão disponíveis a partir de codificação fictícia e esquemas semelhantes, mas o uso de computadores pessoais e softwares que antes exigiam mainframes para serem executados eliminaram sua necessidade.

Observe que o único vetor na coluna C da Figura 7.1 é tudo o que é necessário para identificar os membros de cada grupo. Isso geralmente é verdade. Com a codificação fictícia, você precisa de tantos vetores quantos grupos tiver, menos um. Por exemplo, compare a Figura 7.1 com a Figura 7.2, onde precisamos de outra coluna para acomodar uma terceira preferência política.

Figura 7.2
Uma coluna adicional é necessária quando você adiciona outro grupo.

	A	B	C	D	E
1	Variável de resultado	Pontos de discussão	Vetor grupo A	Vetor grupo B	
2	1	Republicano	1	0	
3	3	Republicano	1	0	
4	3	Republicano	1	0	
5	7	Republicano	1	0	
6	9	Republicano	1	0	
7	3	Democrata	0	1	
8	6	Democrata	0	1	
9	5	Democrata	0	1	
10	4	Democrata	0	1	
11	4	Democrata	0	1	
12	2	Independente	0	0	
13	3	Independente	0	0	
14	11	Independente	0	0	
15	4	Independente	0	0	
16	3	Independente	0	0	
17					
18					
19	Resultado da média, Republicano	4.6			
20	Resultado da média, Democrata	4.4			
21	Resultado da média, Independente	4.6			

Observe que os sujeitos com preferência política por Republicanos ainda têm 1s no vetor de grupo original, mas agora têm 0s no novo (segundo) vetor de grupo. Esse segundo vetor de grupo na coluna D atribui 0s aos Republicanos e 1s aos Democratas. Mas o terceiro grupo político recém-adicionado, Independente, agora recebe 0s em ambas as colunas do grupo, C e D.

Observe o que acontece com a análise da Figura 7.3 quando executamos a rotina de regressão do Excel nos dados dos três grupos da Figura 7.2.

Figura 7.3

Os resultados da regressão mostrados são produzidos pelo suplemento Análise de Dados do Excel. Para maior clareza, a maioria dos resultados foram suprimidos.

	A	B	C	D	E	F	G	H
1	Variável de resultado	Pontos de discussão	Vetor grupo A	Vetor grupo B		RESUMO RESULTADOS		
2	1	Republicano	1	0				
3	3	Republicano	1	0		*Estatísticas de Regressão*		
4	3	Republicano	1	0		R Múltiplo	0.036202431	
5	7	Republicano	1	0		R Quadrdo	0.001310616	
6	9	Republicano	1	0		R Quadrado Ajustado	-0.165137615	
7	3	Democrata	0	1		Erro Padrão	2.909753712	
8	6	Democrata	0	1		Observações	15	
9	5	Democrata	0	1				
10	4	Democrata	0	1				
11	4	Democrata	0	1			*Coeficientes*	*Erro Padrão*
12	2	Independente	0	0		Intercepto	4.6	1.30128142
13	3	Independente	0	0		Vetor grupo A	0.00	1.840289832
14	11	Independente	0	0		*Vetor grupo B*	-0.2	1.840289832
15	4	Independente	0	0				
16	3	Independente	0	0				
17								
18								
19	Resultado da média, Republicano	4.6						
20	Resultado da média, Democrata	4.4						
21	Resultado da média, Independente	4.6						

Novamente, e assim como na Figura 7.2, o intercepto da equação de regressão (4.6 na célula G12) é idêntico à média do grupo Independente, em que foram atribuídos 0s ao longo (célula B21).

E o coeficiente associado ao Grupo Vetor A é 0.0 (célula G13) para os Republicanos (células C2:C6). A média dos Republicanos é 4.6 (célula B19); assim como a média para Independentes (célula B21). O padrão dessas igualdades, entre as médias do grupo e as estatísticas de regressão, continua à medida que níveis de fatores adicionais (por exemplo, Partido Verde, Partido Socialista) são adicionados.

De um ponto de vista frequentista, tenha em mente que cada vez que um nível é adicionado a um fator existente (ou outro fator, ou uma covariável), outro vetor é adicionado à matriz de design. Então, o resultado é que um grau de liberdade adicional é retirado da soma dos quadrados residual e adicionado à soma dos quadrados da regressão. Em casos extremos, isso pode fazer com que você fique sem graus residuais de liberdade. E, no mínimo, sua análise estatística perde poder estatístico porque o quadrado médio residual aumentará para cada grau de liberdade que perder. Mas você não encontrará esse problema específico ao usar o R e quap.

Graus de Liberdade

O conceito de graus de liberdade é complexo. Você usa graus de liberdade para corrigir o viés em uma estatística que fornece uma estimativa de um valor populacional. O valor dos graus de liberdade para uma estatística geralmente é (nem sempre) o número de casos que compõem a estatística, menos 1. Eu entro em uma discussão muito mais longa sobre graus de liberdade em *Statistical Analysis: Microsoft Excel 2016* [sem publicação no Brasil].

Você não é obrigado a usar código fictício de maneira explícita. Se fosse, você poderia substituir 0s e 1s em vetores adicionais no lugar do nome de outro nível de fator, como Verde ou Socialista. A maioria dos softwares comerciais, como SAS, Stata e SPSS, aceita nomes de nível de fator como parte de seus dados de entrada e gera automaticamente os vetores necessários e 0s e 1s (incluindo vetores que representam interações entre fatores e entre fatores e covariáveis).

Historicamente, o software comercial tem usado a abordagem de codificação fictícia 0 ou 1 (mesmo quando ocorre nos bastidores, para que você forneça os rótulos de grupo e o software forneça os vetores e códigos). No entanto, a codificação fictícia não é o único método útil de codificação de variáveis nominais, como sexo e partido político. Por exemplo, a *codificação de efeito* usa –1s em vez de 0s em todos os vetores para um grupo específico. O resultado desse sistema é que o coeficiente de cada grupo é igual à diferença entre a média do grupo e a média geral da variável dependente, daí o termo "codificação de efeito": o coeficiente de regressão de cada grupo representa o efeito de estar naquele grupo, vis-à-vis a média geral. As Figuras 7.4 e 7.5 exemplificam a diferença entre codificação fictícia e codificação de efeito.

Figura 7.4
Um exemplo de codificação fictícia. Os dois vetores de design têm 0s apenas no intervalo B12:C16.

	A	B	C	D	E	F
1	Y	X1	X2		RESUMO RESULTADOS	
2	6	1	0			
3	7	1	0		*Estatísticas de Regressão*	
4	11	1	0		R Múltiplo	0.64
5	12	1	0		R Quadrado	0.41
6	12	1	0		R Quadrado Ajustado	0.31
7	11	0	1		Erro Padrão	2.29
8	9	0	1		Observações	15
9	10	0	1			
10	12	0	1			
11	15	0	1			
12	5	0	0			
13	7	0	0			
14	8	0	0			
15	9	0	0			
16	7	0	0			
17						
18			*Médias*			*Coeficientes*
19		Grupo 1	9.6		Intercepto	7.2
20		Grupo 2	11.4		X1	2.4
21		Grupo 3	7.2		X2	4.2
22		Todos	9.4			

Observe que as estatísticas de regressão resumidas são idênticas nas duas figuras. Mudar de codificação fictícia para codificação de efeito resulta em nenhuma alteração em R^2, erro padrão e valores de resumo associados.

Mas, na Figura 7.4, o coeficiente para cada vetor é igual à diferença entre a média do grupo desse vetor e a média do grupo a que foi atribuído 0s. Assim, na Figura 7.4, o coeficiente 2.4 em F20 é igual a 2.4, a diferença entre 9.6 e 7.2 nas células C19 e C21.

De forma equivalente, e ainda na Figura 7.4, o coeficiente 4.2 em F21 é igual a 4.2, a diferença entre 11.4 e 7.2 nas células C20 e C21. Compare esses resultados com os mostrados na Figura 7.5.

Figura 7.5

A única alteração nas entradas de dados é a alteração de 0s para-1s nos casos pertencentes ao terceiro grupo (compare B12:C16 na Figura 7.4 com a Figura 7.5).

	A	B	C	D	E	F
1	Y	X1	X2		RESUMO RESULTADOS	
2	6	1	0			
3	7	1	0		*Estatísticas de Regressão*	
4	11	1	0		R Múltiplo	0.64
5	12	1	0		R Quadrado	0.41
6	12	1	0		R Quadrado Ajustado	0.31
7	11	0	1		Erro Padrão	2.29
8	9	0	1		Observações	15
9	10	0	1			
10	12	0	1			
11	15	0	1			
12	5	-1	-1			
13	7	-1	-1			
14	8	-1	-1			
15	9	-1	-1			
16	7	-1	-1			
17						
18			*Médias*			*Coeficientes*
19		Grupo 1	9.6		Intercepto	9.4
20		Grupo 2	11.4		X1	0.2
21		Grupo 3	7.2		X2	2
22		Todos	9.4			

Na Figura 7.5, o coeficiente para cada vetor é igual à diferença entre a média do grupo desse vetor e a média geral da variável de resultado. Assim, na Figura 7.5, o coeficiente 0.2 em F20 é igual a 0.2, a diferença entre 9.6 e 9.4 nas células C19 e C22.

De forma equivalente, e ainda na Figura 7.5, o coeficiente 2 em F21 é igual a 2, diferença entre 11.4 e 9.4 nas células C20 e C22. Compare esses resultados com os mostrados na Figura 7.4.

Em resumo:

- Você pode alternar entre a codificação fictícia e de efeito sem alterar nenhum dos valores de regressão resumidos, como R^2 ou o erro padrão da estimativa. Alterar o esquema de codificação não torna a equação de regressão mais ou menos precisa.
- Você pode comparar qualquer um dos coeficientes de regressão disponíveis com outro coeficiente usando codificação fictícia e selecionando qual grupo é identificado por 0s em toda a matriz de design.
- Você pode contrastar qualquer média de grupo com a média geral usando codificação de efeito. Por exemplo, na Figura 7.5, a média do Grupo 1 é 9.6 e a média geral é 9.4. A diferença entre as duas médias é de 0.2, que também é o coeficiente de regressão para o Grupo 1.

Sua escolha de contraste — um grupo selecionado ou a média geral — pode ser ditada pelo tipo de efeito que você está calculando em uma meta-análise. Às vezes, você deseja contrastar um grupo de tratamento com outro grupo de comparação específico ou, às vezes, deseja um contraste com a média geral. Veremos como isso pode funcionar graficamente no final deste capítulo.

Fornecendo Rótulos de Texto no Lugar dos Códigos

No início deste capítulo, observei que uma das primeiras técnicas estatísticas inferenciais ensinadas nas aulas do ensino superior é o teste t. Um uso típico do teste t é quantificar a probabilidade de que um resultado experimental para um grupo de tratamento difere de forma confiável do resultado de um grupo que não recebe o tratamento. A comparação também pode ser feita com algum critério hipotético: por exemplo, "Qual é a probabilidade de que, após o tratamento, um grupo selecionado aleatoriamente tenha um nível médio de colesterol abaixo de 80?"

Uma característica do teste t (que o teste t compartilha com várias outras técnicas inferenciais, como a análise de variância) é o uso da *hipótese nula*. Normalmente, essa hipótese afirma que nada aconteceu como resultado de um tratamento experimental. Seu objetivo, como pesquisador, pode ser mostrar que dois grupos de outra forma equivalentes, um grupo de tratamento e um grupo de controle, têm níveis de colesterol muito diferentes no final do tratamento.

Você conduz seu tratamento e descobre, com certeza, que cada grupo começou com um nível médio de colesterol de 80, mas, ao final do tratamento, o grupo de tratamento tinha um nível médio de 60, enquanto a média do grupo de comparação não se alterou. Se a hipótese nula for verdadeira — se nada aconteceu como resultado do tratamento — o resultado real é verossímil o suficiente para rejeitar a hipótese nula?

Dito de outra forma, quão surpreso você ficaria se o nível médio de colesterol de um grupo de tratamento caísse 20 pontos enquanto a média de um grupo equivalente permanecesse estagnada em 80?

A resposta a essa pergunta está no cerne da teoria estatística, pelo menos conforme promulgada pelos frequentistas. Muitas vezes você ouve as pessoas resumirem os resultados de experimentos como o que estamos discutindo em termos como estes: "O experimento rejeitou o nulo no nível de confiança de 95%". Essa terminologia empresta um ar espúrio de objetividade ao que é uma decisão essencialmente arbitrária.

E, para ser justo, muitos frequentistas, inclusive eu, se opõem à confusão entre o que é arbitrário e o que é objetivo. Veremos como isso funciona, muito brevemente, na Figura 7.6.

Figura 7.6
Distribuições de duas populações presumidas: uma população de tratamento e uma população de comparação.

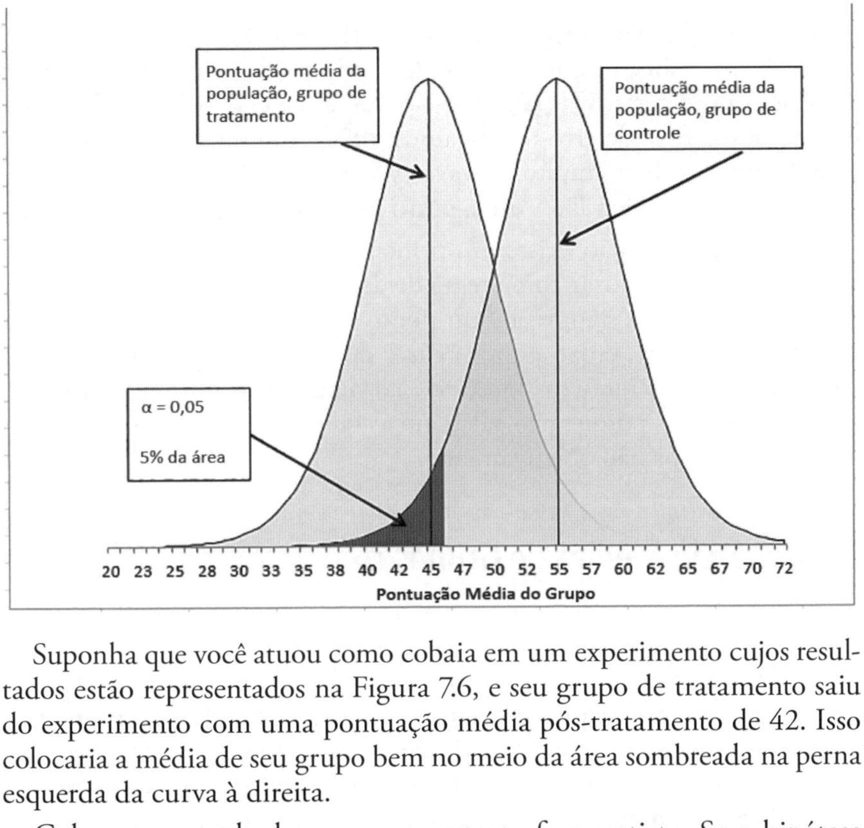

Suponha que você atuou como cobaia em um experimento cujos resultados estão representados na Figura 7.6, e seu grupo de tratamento saiu do experimento com uma pontuação média pós-tratamento de 42. Isso colocaria a média de seu grupo bem no meio da área sombreada na perna esquerda da curva à direita.

Coloque os resultados em um contexto frequentista. Se a hipótese nula for verdadeira, então não há diferença entre a média de tratamento e a média de controle *nas populações das quais os grupos foram amostrados*. Cinco por cento das médias amostradas da população de controle podem cair abaixo de 46, mesmo que o tratamento não tenha efeito, talvez devido inteiramente a erro de amostragem, erro de medição ou alguma outra fonte de erro. Você estaria apostando contra probabilidades de 19 para 1 (5% do grupo de controle mostrado na Figura 7.6) se concluísse, mesmo assim, que o tratamento não surtiu efeito. Se a hipótese nula for verdadeira, seu risco de um erro Tipo I seria de 5%. (Um erro Tipo I ocorre quando você decide que um tratamento tem efeito quando na verdade não tem. Em contraste, um erro Tipo II ocorre quando você decide que um tratamento não teve efeito quando de fato teve.)

Na Figura 7.6, o ponto representado por 46 no eixo horizontal costuma ser chamado de *valor crítico*. Se os resultados forem os descritos aqui, com o resultado real caindo como ocorre em relação ao valor crítico, a lógica frequentista exige que o pesquisador rejeite a hipótese nula de nenhuma diferença entre os grupos na variável de resultado.

Agora, não há nada especialmente objetivo sobre as regras de decisão que acabei de esboçar. Um pesquisador pode ter decidido que uma taxa de 5% é muito restritiva para esse tipo de erro; esse pesquisador pode permitir uma taxa de erro de, digamos, 10% ao decidir que um erro do Tipo I é um resultado muito provável. Outro pesquisador pode definir a taxa de erro Tipo 1 em 1%. Ainda outro pode decidir que 2,5% é o ideal.

A questão é que não existe um princípio empírico sólido como uma rocha que possamos usar como regra de decisão para estabelecer esse tipo de taxa de erro. Há sempre algum ponto na cadeia de lógica que torna a escolha subjetiva, então é inútil dizer que as abordagens Bayesianas, como ocasionalmente tem sido dito, são mais fracas do que as abordagens frequentistas porque não calculam as taxas de erro Tipo I. Ninguém o faz, pelo menos não objetivamente.

Comparando Médias de Grupos com quap

Uma questão intimamente relacionada com a probabilidade de erros do Tipo I — ou seja, decidir se um resultado experimental se deve ao efeito do tratamento ou ao acaso — é a das comparações múltiplas. Anteriormente, este capítulo discutiu o tópico da codificação no contexto de três ou mais partidos políticos. Você pode querer investigar se três (ou mais) partidos discordariam em alguma escala política ou se dois concordariam um com o outro, mas não com um terceiro.

E quais diferenças podem ser vistas como "estatisticamente significativas"? Ou seja, quais diferenças, se houver, podemos confiar que aparecerão novamente se o experimento for replicado com sujeitos semelhantes em condições semelhantes? Para tentar responder a isso, precisamos fazer comparações múltiplas, comparando republicanos a democratas, republicanos a independentes e democratas a independentes.

Ao mesmo tempo, gostaríamos de fazer declarações de probabilidade sobre as diferenças de grupo, algo como "Podemos dizer que os Republicanos diferem, com 99% de probabilidade, dos Democratas nesta questão, mas não dos Independentes". A dificuldade aqui é que a cada teste sequencial, a probabilidade disponível cai 5% do espaço de probabilidade atual, conforme mostrado na Tabela 7.1.

Tabela 7.1 A probabilidade de cometer um erro Tipo I aumenta além de seu valor nominal a cada comparação múltipla adicional que você executa.

Probabilidade Disponível Inicial	Probabilidade Nominal de Rejeitar um Falso Nulo	Probabilidade Atual de Rejeitar um Nulo Verdadeiro
95,0%	95,0%	5,0%
90,3%	95,0%	9,8%
85,7%	95,0%	14,3%
81,5%	95,0%	18,5%
77,4%	95,0%	22,6%
73,5%	95,0%	26,5%
69,8%	95,0%	30,2%
66,3%	95,0%	33,7%

Assim, a cada teste sequencial, você perde mais 5% do que sobrou do teste imediatamente anterior. Se você executar as três comparações possíveis de parte a parte independentes para o presente exemplo, cada comparação pode ter uma taxa de erro de 5%, mas a taxa cumulativa para as três comparações será de 14% (ou seja, 100% – 86%), não os 5% que as tabelas podem fazer você esperar.

Pode não parecer um grande inconveniente para a inferência estatística, mas é. Suponha que, na realidade, haja uma diferença entre como homens e mulheres respondem a uma determinada vacina. Usando métodos Bayesianos ou frequentistas, como você poderia separar o efeito do sexo do efeito da vacina realizando dois experimentos separados, um comparando as respostas dos homens com as das mulheres e outro comparando a vacina com sua não aplicação?

Além disso, os efeitos combinados de mais de um fator podem muitas vezes ser estudados em conjunto, economizando despesas que, de outra forma, teriam que ser realizadas mais de uma vez.

NOTA

> A análise de variância (ANOVA) tem sido tradicionalmente usada para lidar com um desses problemas, o das taxas de erro infladas para comparações múltiplas. A ANOVA compara várias combinações de médias de grupo, mas, como o faz com apenas um teste, não há oportunidade para que as taxas de erro sejam compostas da mesma forma que o fazem em vários testes t. No entanto, embora a ANOVA informe se há uma diferença média do grupo em algum lugar, ela não informa onde encontrá-la.

A abordagem frequentista para resolver essas dificuldades tem sido tradicionalmente modificar a probabilidade de um erro Tipo I ou, o que é a mesma coisa, alterar a largura dos intervalos de confiança pertinentes. A correção de Bonferroni, por exemplo, divide a taxa de erro geral entre as múltiplas comparações disponíveis.

Certamente, fazer isso torna menos provável declarar erroneamente uma hipótese nula verdadeira como falsa. No entanto, também é verdade que isso reduz o poder estatístico disponível — a probabilidade de rejeitar corretamente uma hipótese nula falsa, também conhecida como rejeição de um falso negativo. Portanto, a correção de Bonferroni não é uma bênção puramente.

As técnicas Bayesianas adotam uma abordagem diferente, geralmente chamada de *agrupamento parcial*, para lidar com essa dificuldade. Primeiro, é necessário discutir o cálculo das médias dos grupos — na verdade, associando as médias das variáveis de resultados contínuos com a participação em grupos nominais, como tratamento versus controle, masculino versus feminino ou sobrevive versus não sobrevive.

Tratando uma Variável de Agrupamento como Categorias

Observe a Tabela 7.2, que associa uma variável denominada LDL a outra denominada Peso. Vamos usá-la duas vezes neste capítulo, uma vez para revisar os procedimentos envolvidos na execução de regressão linear simples em um contexto Bayesiano e outra para calcular e comparar médias do grupo. (Ajustarei os nomes das variáveis de acordo.)

Tabela 7.2 A variável X pode ser tratada como uma covariável ou como uma variável de agrupamento.

X	Y
6	1
7	1
11	1
12	1
12	1
11	0
9	0
10	0
12	0
15	0
5	2
7	2
8	2
9	2
7	2

Você pode dizer ao R para analisar a relação entre as variáveis X e Y como se ambas fossem variáveis contínuas. Por exemplo, X pode representar o quão conservador um entrevistado pode se considerar em algum tópico politicamente delicado. Então você pode tratar X como uma covariável e regredir a variável Y contra a variável X. Isso pressupõe, entre outras coisas, que os valores de Y representam alguma variável contínua, como dólares doados para campanhas políticas. Ok, é um tema possível, não necessariamente bom.

Aqui está como o Capítulo 6 sugere que você pode executar essa análise de regressão. Os dados estão na Tabela 7.2. O código R pode ser

```
library(rethinking)
setwd("C:/Users/myfiles/Documents/PoliSci")
```

A função `setwd` especifica o local onde você salvou o arquivo mostrado na Tabela 7.2. Isso não é necessário se você salvou o arquivo de dados no diretório de trabalho do R: esse é um dos primeiros lugares em que o R o procurará.

NOTA

> Tenha em mente que em R você pode ter que usar barras em vez de barras invertidas para separar nomes de pastas em instruções que fornecem o caminho para um arquivo específico.

```
responses  <- read.csv("three groups as integers.csv")
```

As duas instruções anteriores definem o caminho do arquivo e o nome do arquivo, respectivamente. Claro, você também pode usar qualquer formato de arquivo compatível além de `.csv`, como `.R`, `.RData`, ou `.txt`. Você pode querer incluir a seguinte instrução `str` apenas para verificar o conteúdo do arquivo:

```
str(responses)
```

Você deve obter algo assim:

```
'data.frame':   15 obs. of  2 variables:
 $ Y: int  6 7 11 12 12 11 9 10 12 15 ...
 $ X: int  1 1 1 1 1 0 0 0 0 0 ...
```

Observe que não dissemos ao R para fazer o contrário, então ambas as variáveis X e Y são tratadas como números inteiros. Além disso, o R está tratando as respostas como um data frame: essa é a ação padrão para a função `read.csv`.

```
PoliSciModel <- quap(alist(
```

Atribua os resultados da função `quap` a um modelo chamado `PoliSciModel`. Alimente `quap` com a lista em `alist`. Os elementos que compõem a lista `alist` definem (*não* assumem, *definem*) as características distributivas e estereotipadas dos parâmetros e dos dados observados.

```
Y ~ dnorm( mu , sigma ) ,
```

Uma interpretação do til nesta formulação pode ser "é distribuído como". Os dados que compõem a variável Y observada vêm de uma distribuição normal (`dnorm`) com média `mu` e desvio padrão `sigma`. O "d" em `dnorm` significa "densidade" e representa a frequência relativa de uma observação do valor daquela distribuição; isto é, da distribuição que tem `mu` como medida de tendência central e `sigma` como desvio padrão. Por exemplo, a *densidade máxima* é outra maneira de pensar sobre a moda de uma distribuição.

```
mu <- a + ( b * X ) ,
```

Esta é a versão de `quap` da clássica equação de regressão, talvez mais facilmente reconhecida como

Y = a + bX

Em `quap`, `mu` é o valor predito, `a` é o intercepto, `b` é o coeficiente de regressão e `X` é o valor do preditor.

```
a ~ dnorm( 1 , .2 ) ,
```

O intercepto `a` é definido como normalmente distribuído com uma média de 1 e um desvio padrão de 0,2. Esses números podem ser baseados no histórico de pesquisas semelhantes.

```
b ~ dnorm( -.3 , .2 ) ,
```

O intercepto `b` é definido como normalmente distribuído com uma média de –0,3 e um desvio padrão de 0,2.

```
sigma ~ dunif( 0 , 10 )
```

O parâmetro `sigma` é distribuído como uma distribuição uniforme com uma média de 0 e um desvio padrão de 10. O desvio padrão (e seu pai, a variância, nesse caso) é limitado a ser positivo ou zero. É considerado constante em todo o intervalo de valores para `mu`.

```
) , data = responses )
```

As `responses` do data frame são a fonte dos valores de dados `Y` e `X`.

A definição do modelo fornecido por `quap` termina aqui, e a função `precis` é chamada para calcular a distribuição a posteriori com base nas a priori de `quap` bem como nos dados observados das `responses`.

```
precis( PoliSciModel )
```

Aqui estão os resultados resumidos fornecidos por `precis`, para os dados fornecidos na Tabela 7.2 e as características distributivas fornecidas no código citado acima:

	mean	sd	5.50%	94.50%
a	1.06	0.20	0.74	1.38
b	-0.24	0.20	-0.56	0.08
sigma	8.97	1.66	6.32	11.62

Tente padronizar os valores de Y subtraindo a média geral e dividindo o resultado pelo desvio padrão geral. Em seguida, execute uma rotina de regressão linear simples de um pacote como R, Excel ou Stata e compare os resultados conforme retornados por `precis`. Você descobrirá que a média e o `sd` retornados por `precis` para os parâmetros `a` e `b` estão bem próximos dos valores retornados pela regressão padrão.

Aqui está o código completo:

```
library(rethinking)
#A próxima linha deve fornecer o caminho correto para o arquivo csv
setwd("C:/Users/Documents/Pearson Edits/Ch 7/Ch 7 examples")
responses  <- read.csv("three groups as integers.csv")
str(responses)
responses$Ystd <- standardize( responses$Y )
PoliSciModel <- quap(alist(
Y ~ dnorm( mu , sigma ) ,
mu <- a + ( b * X ) ,
a ~ dnorm( 1 , .2 ) ,
b ~ dnorm( -.3 , .2 ) ,
sigma ~ dunif( 0 , 10 )
) , data = responses )
precis( PoliSciModel )
```

Comparando Médias de Grupo

Dependendo de como obteve os dados e do uso que pretende dar a eles, você pode querer tratar os valores de X na Tabela 7.2 como pertencentes a três grupos, que a tabela rotula como Y. De um ponto de vista puramente descritivo, você pode querer calcular a média dos cinco valores X que estão associados a um valor Y de 0, aqueles que estão associados a um valor Y de 1 e aqueles associados a um valor Y de 2.

Com essas três médias em mãos, você pode querer saber qual é a maior e qual é a menor. Aproximando-se do pensamento inferencial, você pode querer saber o grau em que os desvios padrão (ou intervalos) dos três grupos se sobrepõem. Se houver sobreposição considerável, é possível que os três grupos realmente compartilhem o mesmo valor médio, e quaisquer diferenças entre as médias observadas sejam devidas apenas a erros de amostragem.

As alterações necessárias para o código R não são extensas. Aqui estão elas:

```
library(rethinking)
setwd("C:/Users/Documents/Pearson/Drafts/Ch 7/Chap 7 section material")
d <- data.frame(read.csv("Party codes.csv"))
```

A única alteração que fiz nas três primeiras instruções é o nome do arquivo de dados. É típico fornecer um rótulo em vez de um código de rótulo em arquivos de dados e, para manter uma semelhança com a realidade, associei, no arquivo `Party codes.csv`, nomes de partidos no lugar dos códigos 1, 2 e 3.

```
d$Party <- as.factor(d$Party)
d$Party_id <- as.integer( d$Party )
```

As duas instruções anteriores foram adicionadas para modificar uma variável e criar outra. A variável `Party` começou como uma variável de personagem (Republicano, Democrata, Independente), mas a função `as.factor` dá a ela a inteligência que esperamos de um fator.

A função `as.integer` cria uma nova variável que possui um valor inteiro único para cada valor de caractere único na variável `Party`. Portanto, neste caso, um valor `Party` de `Democrat` tem o valor `Party_id` de 1, `Independent` tem o valor de 2 e `Republican` tem valor de 3. A função `as.integer` tem várias aplicações, mas aqui é usada principalmente para rastrear qual valor do fator é qual na tabela e no gráfico precis resultantes.

Em seguida, `quap` é usado para montar um modelo que chamei de `PartyModel`. A função `alist` chama os parâmetros e as variáveis necessários em nome do `quap`:

```
PartyModel <- quap(alist(
        d$Rating ~ dnorm( mu , sigma ),
```

A variável `Rating`, que pertence ao data frame `d`, pertence a uma distribuição Gaussiana com tendência central `mu` e desvio padrão `sigma`.

Em contraste com o uso do parâmetro `a` no exemplo de regressão simples deste capítulo, aqui `a` assume um valor diferente dependendo de qual nível do fator está sendo analisado. No exemplo de regressão, usamos apenas um intercepto (e um coeficiente de regressão). Aqui, permitimos que os parâmetros `a` e `sigma` variem à medida que `Party_id` muda de 1 para 3 — observe que o índice `[Party_id]` muda de 0 para 2 — e `sigma` é distribuído na distribuição exponencial como no exemplo do Capítulo 6.

```
        mu <- a[Party_id],
        a[Party_id] ~ dnorm( 9.4 , 3 ),
        sigma ~ dexp( 1 )
    ) , data=d )
```

Um vetor para os rótulos do eixo vertical de um gráfico é estabelecido combinando o `Party_id` e o nome da festa:

```
labels <- paste( "a[" , 1:3 , "]:" , levels(d$Party) , sep="" )
```

As preparações para um gráfico são feitas, recorrendo tanto às funções `plot` quanto às `precis`. Também especificam o modelo a ser usado (aqui, `PartyModel`) bem como dois argumentos que não usamos antes, `depth` e `pars`:

```
plot( precis( PartyModel , depth=2 , pars="a" ) , labels=labels
  ,xlab="expected Rating " )
```

- Quando o argumento `depth` para `precis` é definido como 2, como aqui, ele exibe todos os parâmetros do modelo.
- Quando o argumento `pars` para `precis` é definido como igual a um vetor de caractere, como aqui, ele exibe o vetor de nomes de parâmetro.

```
precis( PartyModel , depth=2 , pars = "a" )
```

A função `precis` exibe a tabela precis e a função plot exibe o gráfico. Ambos são mostrados nas Figuras 7.7 e 7.8.

Figura 7.7
A localização dos entalhes nas barras horizontais mostra a localização da média de cada grupo.

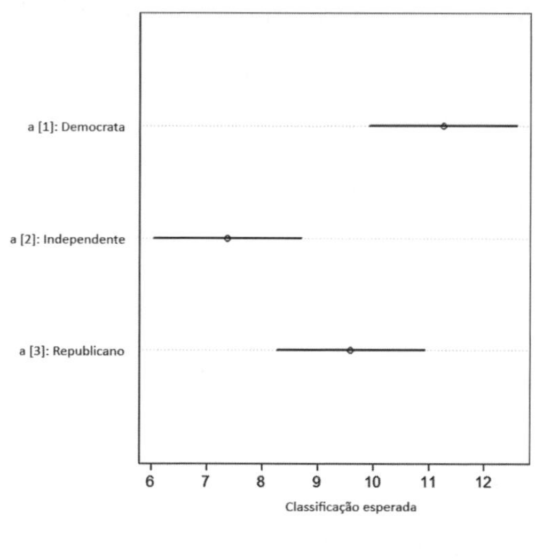

Figura 7.8
A tabela resume a localização de cada parâmetro.

	mean	sd	5.5%	94.5%
a[1]	11.25	0.83	9.91	12.58
a[2]	7.37	0.83	6.04	8.70
a[3]	9.58	0.83	8.26	10.91

Resumo

Em seguida, abordaremos Monte Carlo via Cadeias de Markov (MCMC), bem como algumas das razões pelas quais o MCMC é mais rápido que a aproximação de grade e mais flexível que a aproximação quadrática.

Os capítulos anteriores mostraram como usar a análise Bayesiana para replicar a regressão linear comum, tanto em um contexto simples quanto em um contexto múltiplo. É a isto que os capítulos anteriores têm levado. É difícil ver por que a aproximação quadrática e o MCMC são superiores à aproximação de grade até que você tenha visto algumas das razões pelas quais a aproximação de grade pode ser tão grosseira. E pode ser difícil ver como a MCMC pode ser mais rápida do que a aproximação quadrática até que você veja como a autocorrelação pode colocá-lo em algum canto de uma distribuição a posteriori e levar um tempo excessivamente longo para deixá-lo fora.

E, no entanto, há momentos e razões para usar esses algoritmos mais antigos. Às vezes você tem apenas um parâmetro para se preocupar. Às vezes, você já estava convencido de que suas distribuições a priori, de verossimilhança e a posteriori são Gaussianas.

Podemos dar ao MCMC seu próprio capítulo aqui. Quando este livro chegar à sua estante, provavelmente já terá sido substituído por algo ainda mais moderno. Mas vai se parecer muito com o MCMC.

Métodos de Amostragem MCMC

8

NESTE CAPÍTULO

Os capítulos anteriores enfatizaram que um projeto envolvendo análise Bayesiana deve comparar os métodos disponíveis para gerar distribuições a posteriori por meio de técnicas de amostragem. Este capítulo revisa duas técnicas básicas, aproximação de grade e aproximação quadrática, e discute como uma terceira técnica, Monte Carlo via Cadeias de Markov (MCMC), as aprimora.

Revisão Rápida da Amostragem Bayesiana

Métodos estatísticos frequentistas, como testes t e análise de variância, fazem uso de suposições de amostragem, mas não da mesma forma que os métodos Bayesianos. Um teste t tradicional faz três suposições sobre duas populações:

- Os casos em cada população seguem uma distribuição normal. Essa suposição mostrou-se desnecessária: o teste t é *robusto* com relação à violação da suposição de normalidade. Essa é a maneira dos estatísticos dizerem que isso não é grande coisa. O teste t pode ser executado em populações que violam a suposição sem retornar um resultado que não seja válido. No entanto, a suposição permanece, em grande parte porque o desenvolvimento do teste teria sido prejudicado sem fazê-lo.

- As variâncias nas duas populações são iguais. Novamente, essa suposição pode ser ignorada com segurança *se o teste for baseado em tamanhos de amostra iguais.* O teste t é robusto com relação à violação da suposição de variâncias iguais com tamanhos de amostra iguais. (Os teóricos frequentistas nunca desenvolveram um meio totalmente satisfatório de corrigir a violação dessa suposição.)
- Supõe-se que os membros da amostra sejam — e devem ser — independentes uns dos outros. Irmãos e irmãs ou qualquer outro tipo de não independência podem derrubar as declarações de probabilidade que assumem independência de observações (a menos que arranjos especiais de design e análise sejam feitos, como o teste t para grupos dependentes).

A análise Bayesiana também faz algumas suposições, mas nenhuma tão fundamental quanto as usadas pelos métodos frequentistas. Em vez de assumir que uma população subjacente tem uma determinada forma (normal, binomial, beta e assim por diante), os métodos Bayesianos geram uma distribuição do tipo que os métodos frequentistas meramente assumem. Os métodos Bayesianos fazem isso por meio de técnicas de amostragem eficientes. Você viu como a aproximação de grade define essa distribuição especificando seus quantis e como a aproximação quadrática a gerencia selecionando aleatoriamente valores consistentes com sua probabilidade de ocorrência em uma determinada distribuição de densidade.

Depois de revisar as alternativas e como elas diferem, este capítulo examina o método de escolha para as abordagens de amostragem atuais, a versão Monte Carlo Hamiltoniana da amostragem MCMC.

Aproximação de Grade

A aproximação de grade é um método perfeitamente sólido de gerar distribuições a posteriori. Mas "sólido" não significa necessariamente "aceitável". Com um ou, possivelmente, dois parâmetros para lidar, e se os parâmetros não tiverem um número substancial de valores para você simular na distribuição a posteriori, você pode simular a distribuição a posteriori em um piscar de olhos. Mas com potencialmente milhares de células em uma distribuição a posteriori para contabilizar, você provavelmente tem um modelo que é inaceitável para a aproximação de grade.

Suponha que você esteja projetando um novo jogo de paciência, algo semelhante a versões populares como Klondike ou Free Cell. Pelo que parece ser uma boa razão, você quer saber a probabilidade de receber exatamente quatro cartas de honra na mão do jogador. No início do jogo, a mão do jogador consiste em 13 cartas, então cada mão é uma amostra de 13 cartas de um baralho de 52 cartas, uma que é distribuída sem reposição. Este teste é executado 24 vezes e os resultados anotados, então você tem 24 instâncias do número de cartas de honra distribuídas a cada mão do jogador.

Você pode obter uma resposta para sua pergunta sobre o número esperado de cartas de honra usando a aproximação de grade: ou seja, pode aproximar essas probabilidades em uma distribuição a posteriori criando e, em seguida, analisando os valores em uma grade. Vimos esse processo em capítulos anteriores, mas aqui está mais uma breve explicação de como fazer:

1. **Estabeleça uma grade.** Você precisará saber quantos valores a grade conterá e se os quantis serão equidistantes (geralmente são).

   ```
   grid <- seq( from=0 , to=1 , length.out=24 )
   ```

   Isso cria um vetor, ou grade, com 24 slots disponíveis, mas ainda sem nada nesses slots (coluna A). (Não há nada de mágico no número 24; simplesmente o selecionei como um número que não é nem muito pequeno nem muito difícil de manejar.)

2. **Estabeleça uma a priori.** A a priori normalmente terá tantos slots quanto a grade. Nesse caso, você presumivelmente tem muito pouca informação à sua disposição sobre como as cartas são distribuídas entre quatro mãos e resolve o problema convenientemente (se não de maneira ideal) estabelecendo uma a priori plana. Ou seja, você atribui o número 1 a cada um dos 24 slots da a priori e dá o nome da a priori ao resultado (coluna B):

   ```
   prior <- rep( 1 , 24 )
   ```

3. **Estabeleça uma verossimilhança.** Obtenha a verossimilhança de cada slot na `grid` com a função `dbinom` (coluna C). Aqui está o código R:

   ```
   likely <- dbinom(  4 , size = 13 , prob = grid )
   ```

   Aqui, a função `dbinom` é executada 24 vezes, uma vez para cada valor na grade. Diz a R para retornar a probabilidade de obter 4 cartas de honra de 13 cartas distribuídas, à medida que as probabilidades em `grid` aumentam de valor. Os resultados são armazenados em um novo vetor denominado `likely` (para *verossimilhança*).

Aqui estão os valores calculados no vetor denominado `likely` (consulte a coluna C na Figura 8.1).

Figura 8.1
Como estamos usando uma a priori plana de 1, obtemos uma a posteriori bruta igual à verossimilhança.

	A	B	C	D	E
1	Grade	A priori	Verossimilhança	A posteriori bruta	A posteriori padronizada
2	0	1.0000	0.0000	0.0000	0.0000
3	0.043478	1.0000	0.0017	0.0017	0.0010
4	0.086957	1.0000	0.0180	0.0180	0.0110
5	0.130435	1.0000	0.0588	0.0588	0.0358
6	0.173913	1.0000	0.1172	0.1172	0.0713
7	0.217391	1.0000	0.1759	0.1759	0.1070
8	0.26087	1.0000	0.2180	0.2180	0.1327
9	0.304348	1.0000	0.2341	0.2341	0.1425
10	0.347826	1.0000	0.2234	0.2234	0.1360
11	0.391304	1.0000	0.1923	0.1923	0.1170
12	0.434783	1.0000	0.1504	0.1504	0.0916
13	0.478261	1.0000	0.1072	0.1072	0.0652
14	0.521739	1.0000	0.0694	0.0694	0.0422
15	0.565217	1.0000	0.0405	0.0405	0.0247
16	0.608696	1.0000	0.0211	0.0211	0.0129
17	0.652174	1.0000	0.0096	0.0096	0.0059
18	0.695652	1.0000	0.0038	0.0038	0.0023
19	0.73913	1.0000	0.0012	0.0012	0.0007
20	0.782609	1.0000	0.0003	0.0003	0.0002
21	0.826087	1.0000	0.0000	0.0000	0.0000

4. **Acrescente a verossimilhança à a priori.** Multiplique os elementos correspondentes da a priori e da verossimilhança e armazene os produtos em um novo vetor, aqui denominado `raw_posterior` (coluna D).

```
raw_posterior <- likely * prior
```

5. **Padronize a verossimilhança.** Divida cada membro da a posteriori bruta pela soma de todos os seus membros (coluna E).

```
std_posterior <- raw_posterior / sum(raw_posterior)
```

Este exemplo se destina principalmente a lembrar quais etapas são necessárias para realizar uma aproximação de grade. Como tal, sua finalidade é limitada. É o que se chama de exercício *analítico* em que os valores dos parâmetros, combinados com cálculos de densidade, são usados, em vez de observações reais no campo. Para as últimas observações, revise os capítulos anteriores sobre aproximação de grade neste livro.

Aproximação Quadrática

A segunda alternativa na amostragem Bayesiana é a aproximação quadrática. Você encontrará alguns exemplos dessa abordagem para construir uma distribuição a posteriori no Capítulo 6. Aqui revisarei a aproximação quadrática e tentarei destacar o que distingue a aproximação quadrática da aproximação de grade e da MCMC.

O nome *aproximação quadrática* merece alguma explicação. A abordagem assume que a distribuição a posteriori é uma curva Gaussiana normal. Os logaritmos dos valores que compõem essa curva se assemelham a uma parábola. Como uma parábola é uma função quadrática, tornou-se comum referir-se à aproximação baseada em uma parábola como uma aproximação quadrática.

A suposição de que uma distribuição a posteriori constitui uma curva normal é forte, mas bem fundamentada. Muitas distribuições que ocorrem naturalmente, como a altura e o peso dos animais e a temperatura e a pressão sanguínea dos humanos, seguem curvas normais. Essa característica de variáveis que ocorrem naturalmente nos dá algo: ela nos ganha tempo. Em particular, ganha-nos o tempo necessário para fazer a amostragem que se aproxima da curva normal assumida de uma distribuição a posteriori.

Uma curva normal tem uma variedade de atributos úteis. Entre eles está o fato de que qualquer curva normal verdadeira pode ser desenhada se você tiver valores para sua média e seu desvio padrão (ou dispersão). Você pode colocar a média simplesmente encontrando o valor da média no eixo X ou horizontal.

Se você conhece o desvio padrão, bem como a média, pode concluir a criação de toda a curva normal. O desvio padrão é constante ao longo da curva; é por isso que é um desvio *padrão*. Seu computador aplica a relação entre o desvio padrão e a quantidade que a curva cai à medida que você se afasta cada vez mais da média. Seu computador pode usar esse valor calculado próximo ao topo da curva para derivar essa inclinação em qualquer ponto do restante da curva.

Você pode ver a economia de tempo que isso proporciona em comparação com a aproximação de grade. Usando uma grade, você deve calcular a probabilidade de cada ponto em seu conjunto de dados. Dado isso, você pode converter suas probabilidades brutas primeiro em a posteriori brutas e depois em padronizadas. Seu computador pode fazer isso para você rapidamente caso tenha apenas um ou dois parâmetros para estimar — digamos, sexo e filiação partidária política. Mas esse instante pode facilmente se transformar no que parece uma eternidade se você tiver dez ou vinte parâmetros e dez ou vinte valores significativos de cada parâmetro.

Mas se tudo o que você precisa fazer é (1) assumir que a posteriori é uma distribuição normal e (2) dizer ao computador onde encontrar os dados a priori e os dados para que ele possa calcular médias e desvios padrão, então o para sempre começará parecendo mais como um instante.

Então é aí que a aproximação quadrática ganha sua merecida reputação de velocidade de amostragem. É um passo importante na direção certa, mas, durante anos, dar esse passo exigia uma suposição igualmente forte: que a distribuição a posteriori constituía uma curva normal. Esse é o tipo de coisa que os Bayesianos se orgulham de evitar. A suposição de distribuições normais é a teoria frequentista fundamental. Isso é verdade mesmo que, ao que parece, os frequentistas estivessem violando a suposição o tempo todo e os estudos de robustez mostrassem que isso não parecia importar.

Uma das razões pelas quais eu queria discutir as três abordagens gerais (aproximação de grade, aproximação quadrática e MCMC) para gerar uma distribuição a posteriori neste capítulo final é que todas as três abordagens podem retornar quase às mesmas descobertas. De antemão, é improvável que as três retornem exatamente o mesmo valor porque elas não usam cálculos precisamente equivalentes. E, no entanto, os valores que elas retornam tendem a ser muito próximos um do outro. Portanto, sua escolha de método deve ser baseada em questões como velocidade de execução e complexidade do projeto. E, afinal, a velocidade é um critério importante para escolher um método que será executado até a conclusão em alguns segundos em vez de um que provavelmente será concluído de um dia para o outro.

Daremos uma olhada em um exemplo, que contrasta a aproximação de grade com a aproximação quadrática. A Figura 8.2 mostra os resultados de uma aproximação de grade na qual a própria grade contém exatamente cem slots.

Figura 8.2

Observe que o valor a posteriori padronizado máximo neste caso é 0.233 e está associado a uma probabilidade de grade de 0.320. Com esses dados, o valor a posteriori padronizado máximo de 0.233 é obtido quando a probabilidade de distribuir quatro cartas de honra é de 0.320.

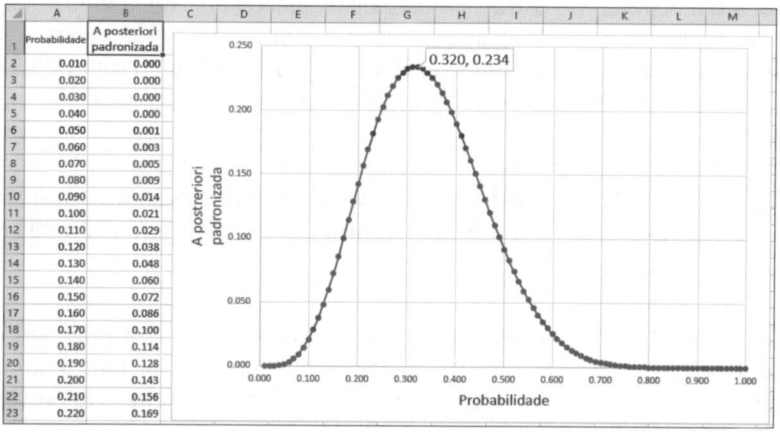

	A	B
1	Probabilidade	A posteriori padronizada
2	0.010	0.000
3	0.020	0.000
4	0.030	0.000
5	0.040	0.000
6	0.050	0.001
7	0.060	0.003
8	0.070	0.005
9	0.080	0.009
10	0.090	0.014
11	0.100	0.021
12	0.110	0.029
13	0.120	0.038
14	0.130	0.048
15	0.140	0.060
16	0.150	0.072
17	0.160	0.086
18	0.170	0.100
19	0.180	0.114
20	0.190	0.128
21	0.200	0.143
22	0.210	0.156
23	0.220	0.169

Continuarei com o exemplo do jogo de cartas Paciência discutido neste capítulo. Na Figura 8.2, criei uma grade que contém cem níveis de probabilidade. Eu usei uma a priori plana consistindo inteiramente de 1s, então não tem efeito quando a a priori é multiplicada pela verossimilhança. Portanto, a coluna A na figura consiste nas probabilidades que desejo ver e a coluna B contém as verossimilhanças determinadas pelo uso da função `dbinom` em conjunto com as quatro vitórias (quatro cartas de honra) de treze cartas dadas ao jogador de paciência.

Juntei o conteúdo da Figura 8.2 usando Excel em vez de R, principalmente porque o Excel torna muito mais simples mostrar listas como as das colunas A e B junto com gráficos, conforme mostrado à direita das colunas A e B na Figura 8.2.

Os valores a posteriori padronizados no gráfico da Figura 8.2 (e na coluna B) são calculados usando a função de planilha do Excel `BINOM.DIST`. Por exemplo, a fórmula na célula B2 é `=BINOM.DIST(4,13,A2,FALSE)`, e é copiada até o final dos dados na coluna B.

O gráfico mostra que o valor máximo na distribuição a posteriori é 0.233, que é pareado com o valor de 0.320 como a probabilidade de quatro cartas de honra em qualquer mão de treze cartas. Em outras palavras, a aproximação de grade informa que a probabilidade máxima de 0.320 ocorre quando o valor máximo da distribuição a posteriori é 0.233.

NOTA

> Como sempre na análise Bayesiana, não se preocupe muito se você executar a mesma análise duas vezes e notar diferenças muito pequenas nos dois conjuntos de resultados. Isso facilmente pode acontecer devido a pequenas diferenças nas amostras. Por exemplo, quando eu estava preparando este exemplo, o R retornou uma distribuição a posteriori de 0,234. Em uma segunda tentativa, o R retornou uma distribuição a posteriori com valor de 0,233. Aprendi a checar duas vezes essas coisas e me recusar a perder o sono por causa delas.

Agora vamos dar uma olhada no que uma aproximação quadrática nos diz e compará-la com os resultados retornados pela aproximação de grade (consulte a Listagem 8.1).

Listagem 8.1 Tenha em mente que quando está usando a função `dbinom` do R, você fornece vitórias e derrotas como argumentos, mas quando está usando a função `dbeta`, você fornece vitórias e tentativas totais como argumentos.

```
library(rethinking)
cards <- quap(
    alist(
        honors ~ dbinom( honors + plain ,p) ,  # likelihood
        p ~ dunif(0,1)                          # flat prior
    ) ,
    data=list(honors=4, plain=9) )
# resumir a aproximação quadrática
precis( cards , digits = 5)
   mean      sd      5.5%    94.5%
p 0.30769 0.12801 0.10311 0.51227
```

A Listagem 8.1 exibe o que é necessário para executar uma função `quap` com esses dados. A função `quap` também é conhecida como função auxiliar. Ela pega as informações que você fornece e as traduz em sintaxe reconhecida pelo R (especificamente, por RStan). Por exemplo, veja os argumentos a serem `alist` na Listagem 8.1. Nesse caso, você diria a `quap` que `honors` segue uma distribuição binomial com parâmetros `honors` mais `plain`, e `p`. Algumas linhas depois, na linha `data`, dizemos a R que o valor de `honors` é 4 (ou seja, quatro cartas de honra) e o valor de `plain` é 9 (nove cartas simples por naipe), enquanto `p` é distribuído como uma a priori uniforme.

O modelo resultante dessas definições é salvo com as mesmas cartas. O comando final no código atribui os resultados do modelo a uma tabela que mostra a média da distribuição a posteriori, que é o valor máximo dessa distribuição. *Neste caso, é 0,308, um resultado bastante próximo do resultado de 0,320, o valor que é retornado pela aproximação da grade e o pequeno grau de erro que esperamos dos métodos Bayesianos.*

MCMC Se Atualiza

A aproximação quadrática não é uma solução completa para as dificuldades apresentadas pela aproximação de grade. A aproximação quadrática é definitivamente mais rápida que a aproximação de grade, mas isso tem um preço. Conforme discutido neste capítulo, para usar uma função como `quap`, você deve fazer a suposição razoavelmente forte de que a distribuição a posteriori é normal — ou seja, Gaussiana — e muitos problemas não podem ser resolvidos satisfatoriamente usando softwares que exigem essa suposição.

Portanto, os estatísticos começaram a experimentar alternativas à aproximação quadrática — alternativas que não impunham a camisa de força das distribuições normais em seu conjunto de dados ou em seus projetos experimentais. Os métodos a que chegaram, chamados coletivamente de *algoritmos Metropolis*, eram muito mais liberais em sua aceitação de outras formas para suas distribuições a posteriori. A amostragem de Gibbs é um desses métodos.

No entanto, descobriu-se que os algoritmos do Metropolis eram comparativamente lentos. Os ganhos proporcionados pela capacidade de lidar com a posteriori não gaussianas foram seriamente superados pelo longo tempo necessário para concluir a análise de um projeto razoavelmente detalhado. Duas questões tendiam a causar o problema: *leapfrogging* e *step sizes*. Leapfrogging refere-se ao número de etapas que separam dois pontos de dados consecutivos em a posteriori. Step size, é claro, refere-se ao tamanho de cada passo que faz o trajeto entre dois pontos. Certas combinações de leapfrogging e step sizes tendem a causar autocorrelação entre pontos consecutivos.

E quando esses pontos são autocorrelacionados, você acaba com muitos pontos em uma determinada área da distribuição e parece não chegar a lugar nenhum. O resultado é que pode parecer uma eternidade preencher qualquer porção da a posteriori que não seja favorecida pela autocorrelação entre os pontos. Os algoritmos de amostragem MCMC usam o que é chamado de *fase de aquecimento* para escolher leapfroggings e step sizes de forma que a autocorrelação seja minimizada. Muitas vezes, você verá uma saída que detalha a quantidade de tempo gasto nessa fase de aquecimento, diferente da amostragem real.

Uma Amostra da Análise MCMC

Vamos dar uma olhada em como você pode usar a função `ulam` para analisar um projeto que contém um fator e uma variável adicional para nos colocar em posição de examinar a interação. A discussão na maior parte do restante deste capítulo se concentra em como a interação pode ser avaliada quando as variáveis interativas são numéricas em vez de nominais.

Usarei `ulam` em vez de `quap` neste capítulo em parte porque `ulam` pode ser executado muito mais rápido que `quap`, mesmo que você não esteja restrito a a posteriori quadráticas como está com `quap`. Você deve ter a opção de executar o código MCMC quando seu projeto exigir. A função `ulam` tende a se basear na função `quap`, portanto, embora haja algum aprendizado a ser feito em relação aos recursos de `ulam` você não precisa começar do zero.

Vou usar dados de quarenta pacientes de dois hospitais:

- Uma variável 0/1, *Hospital*, que identifica de qual hospital vieram os dados de um paciente — esse é o fator neste design.
- Duas variáveis numéricas, denominadas *outcome* [resultado] e *history* [histórico], que são pontuações fatoriais em baterias de testes médicos dadas a cada paciente. Você pode pensar no Fator 2 como uma bateria de testes preditivos.

NOTA

> A estatística tem dois significados muito diferentes para o termo *fator*. Um significado é uma variável que expressa uma escala nominal; por exemplo, o fator *Carro* pode ter valores que incluem *Ford*, *Toyota* e *Nissan*. Sua intenção pode ser comparar os quilômetros médios por litro para cada uma dessas marcas.
>
> Outro significado para a palavra *fator* é uma característica não observável que as técnicas multivariadas empregam para combinar muitas características observáveis em uma ou apenas algumas poucas variáveis. O resultado

dessa combinação também é chamado de fator. Geralmente, você pode dizer pelo contexto qual significado é pretendido. Aqui, estou usando os dois.

Gostaríamos de determinar se existe uma interação entre o Histórico e o Hospital. Você descobrirá que, embora a maioria dos livros de estatística definitivamente aborde o tópico de interação, eles o fazem apenas na extensão das interações entre fatores, e não entre um fator e uma variável numérica. MCMC em geral, e Monte Carlo Hamiltoniano em particular, são perfeitamente capazes de realizar este tipo de análise.

O layout dos dados para entrada no software é parcialmente mostrado na Figura 8.3. Você encontrará um arquivo csv contendo todos os dados no site deste livro. (Digo "parcialmente" porque não há espaço suficiente para mostrar todos os casos.)

Figura 8.3
Observe que o valor de hospital muda de 1 para 2 na linha 22.

	A	B	C	D
1		resultado	histórico	hospital
2	1	0.879712	-0.29166	1
3	2	0.75523	0.122564	1
4	3	0.806156	-0.30601	1
5	4	0.810858	-0.30504	1
6	5	1.050743	0.003409	1
7	6	0.827254	-0.42903	1
8	7	0.864425	-0.40694	1
9	8	0.885329	0.13643	1
10	9	0.763789	-0.16041	1
11	10	0.805933	-0.143	1
12	11	0.878097	-0.36744	1
13	12	0.996653	-0.40727	1
14	13	0.885285	-0.39195	1
15	14	1.009434	-0.40001	1
16	15	0.961385	-0.19153	1
17	16	0.800214	-0.39275	1
18	17	0.757871	-0.42113	1
19	18	1.023715	-0.05738	1
20	19	0.885959	-0.40356	1
21	20	0.890997	-0.33213	1
22	50	0.964755	-0.19517	2
23	51	1.16627	0.038144	2

Gostaríamos de saber se a linha de regressão entre a variável resultado e a variável preditora depende de qual hospital o paciente ocupa. Em particular, gostaríamos de saber se as linhas de regressão se interceptam ou suas inclinações mudam dependendo se os pacientes estão no Hospital 1 ou no Hospital 2.

Não há muitas diferenças entre a visão do usuário sobre a função `quap` e a função `ulam`, mas as que existem são importantes. Curiosamente, duas das diferenças mais importantes que você encontra vêm na natureza de um conselho, e não como uma regra inviolável:

- Se você precisar fazer alterações, como transformações de log ou padronizações, como diferenças médias, faça isso no código antes de chamar a função `ulam`. Você pode desacelerar as coisas fácil e involuntariamente se esperar para aplicar suas transformações até que `ulam` esteja funcionando.
- Se você planeja enviar dados que estão atualmente armazenados em um data frame, converta esse quadro de dados em uma lista antes de chamar `ulam`. Aqui está a lógica: data frames em R não podem ter um número diferente de registros em cada variável. Um valor como NA pode representar um valor ausente em qualquer registro, mas isso ocorre no curso normal dos eventos.

Se o código Stan (que você não verá a menos que o solicite especificamente) encontrar um valor NA nos dados que você passar para ele, o código responderá com uma mensagem de erro (e não clara também) e encerrará o processamento. A recomendação para evitar essa situação é que você forneça os dados como uma lista, não como um data frame. A sintaxe de codificação do R especificamente permite valores NA quando fazem parte de uma lista. Se você passar os dados como uma lista, evitará o problema apresentado por um valor NA em um data frame.

Quatro colunas diferentes contêm dados na Figura 8.3:

- A coluna A contém números que servem apenas para especificar qual linha contém informações sobre qual caso. Eles não têm nada a ver com a análise em si. A célula A1 normalmente é deixada vazia em um arquivo csv que você lê em um data frame do R.
- A coluna B, marcada como *resultado* na célula B1, contém um conjunto de pontuações de fator nos mesmos pacientes da coluna A. As pontuações de resultado simplesmente representam se os pacientes tiveram um resultado mais ou menos favorável no hospital onde foram tratados.
- A coluna C é rotulada como *histórico* na célula C1. Os dados na coluna C são pontuações fatoriais para os mesmos pacientes mostrados nas colunas A e B. As pontuações resultam de uma análise fatorial de históricos de pacientes em dois hospitais diferentes.
- A coluna D, rotulada como *hospital* na célula D1, simplesmente in-

dica se um paciente frequentou o Hospital 1 ou o Hospital 2.

A questão que se coloca é se estes dados indicam que existe uma interação entre uma variável preditora, Histórico, e outra variável preditora, Hospital. Por exemplo, a linha de regressão entre a história e o resultado varia sua inclinação, ou seu intercepto, de acordo com a qual hospital o paciente compareceu? É mais comum ver interações relatadas entre duas variáveis categóricas, como sexo e preferência política. Mas as interações entre uma variável categórica e uma variável contínua, ou entre duas variáveis contínuas, não são raras (elas são frequentemente testadas na análise de covariância, por exemplo, para um coeficiente de regressão comum). Elas podem ser ainda mais importantes do que aquelas entre duas variáveis categóricas.

A Listagem 8.2 mostra como você pode resolver essa questão usando a função `ulam`. Não há muito código envolvido neste exemplo.

Listagem 8.2 Código `ulam` como pode aparecer na janela de script do R. O código pode ser encontrado na *Listagem 8-2.txt*.

```
library(rethinking)
#Aqui você desejará usar a função setwd para dizer ao R onde no
seu #computador encontrar o arquivo csv com os dados de entrada. Por
exemplo: setwd ("C:/Users/Documents/Edits/Ch 8/TestDataSet")
data_in <-read.csv("ulam example.csv")
model <- ulam(
            alist(
                  outcome ~ dnorm( mu , sigma ) ,
                  mu <- a[hospital] + b[hospital]* history  ,
                  a[hospital] ~ dnorm( 1 , 0.1 ) ,
                  b[hospital] ~ dnorm( 0 , 0.3 ) ,
                  sigma ~ dexp( 1 )
                  ) , data=data_in , chains=1 )
precis( model , depth=2 )
```

O código começa com o comando `library`, que neste caso, carrega uma biblioteca chamada `rethinking`. Esse comando é necessário porque, posteriormente, o código chamará a função `ulam`, e o R precisa saber onde procurá-lo.

A segunda linha do código executável faz uso da função `setwd`. Não é estritamente parte deste exemplo, mas é um comando muito útil mesmo assim. Gosto de manter diferentes projetos separados uns dos outros e, quando continuo trabalhando em um projeto, sua função `setwd` diz automaticamente ao R para abrir e salvar arquivos na pasta apropriada.

Em seguida, o código lê o arquivo csv mostrado na Figura 8.3. Por padrão, a função coloca os dados que lê em um data frame do R. Isso pode causar um problema, com o qual lidaremos em breve.

NOTA

> Você precisará alterar o caminho e/ou o nome do arquivo csv no código para que corresponda à sua configuração local. Um arquivo de dados de amostra é fornecido para este capítulo, chamado *ulam example.csv*, que fornece os dados para as análises nas Figuras 8.4 e 8.6.

Em seguida, chegamos à definição do modelo que estamos buscando. Nomeei-o de *model* e indiquei que ele deve ser gerado pela função `ulam`. A função `alist` retorna um tipo especial de lista em R, que pode assumir uma variedade de tipos de argumentos. Aqui, ele passa o seguinte para o RStan por meio de `ulam`:

- `outcome ~ dnorm( mu , sigma )`

  `outcome` é distribuído como a densidade da distribuição normal, com média `mu` e desvio padrão `sigma`.

- `mu <- a[hospital] + b[hospital]*(history)`

  `mu` é o resultado da equação de regressão, onde `a` é o intercepto e `b` é o coeficiente para `history`. O valor de `hospital` varia e depende de qual hospital é escolhido.

- `a[hospital] ~ dnorm( 1 , 0.1 )`

  `a`, o intercepto para cada hospital, é distribuído como a densidade de uma curva normal, com média 1 e desvio padrão 0,1.

- `b[hospital] ~ dnorm( 0 , 0.3 )`

  `b`, o coeficiente de regressão do histórico de cada hospital, é distribuído como a densidade de uma curva normal, com média 0 e desvio padrão 0,3.

- `sigma ~ dexp( 1 )`

  `sigma` é distribuído como a densidade da distribuição exponencial, com média 1.

Olhando para a lista de argumentos `ulam`, você pode dizer que está em posição de definir a forma e a família de distribuição dos parâmetros: o til é usado na definição de `outcome`, `sigma`, `a`, e `b`. Usando `ulam` em vez de `quap`, você não precisa assumir que a distribuição a posteriori constitui uma curva Gaussiana normal.

Por fim, a função `precis` fornece o intercepto e o coeficiente de regressão para cada uma das duas equações de regressão (mostrada como *mean*), bem como o erro padrão do coeficiente (mostrado como *sd*) (consulte a Figura 8.4).

Figura 8.4
O n_eff e o Rhat4 informam o quão bem sua amostragem está funcionando, dado seu modelo e seus dados.

	A	B	C	D	E	F	G
1		mean	sd	5.50%	94.50%	n_eff	Rhat4
2	a[1]	0.91	0.04	0.85	0.96	242	1
3	a[2]	1.06	0.02	1.02	1.09	344	1
4	b[1]	0.09	0.12	-0.1	0.28	244	1
5	b[2]	-0.15	0.13	-0.35	0.06	452	1
6	sigma	0.11	0.01	0.09	0.13	372	1

Dados de Saída de `ulam`

Ao executar o código `ulam` conforme fornecido neste capítulo, você verá que o R leva um pouco mais de tempo para lidar com a biblioteca rethinking do que você poderia esperar. Em um laptop multicore HP, posso ter que esperar um pouco antes de poder continuar depois de executar o comando `library`, mas o tempo de espera não esgota minha paciência. Até a função `ulam`, o código se move muito rápido. Demora cerca de 30 segundos para executar a função `ulam` — isso não está fora do normal.

Os dados de saída podem ser mais demorados do que você poderia supor. Há informações de diagnóstico consideráveis no início, bem antes de você chegar às informações resumidas fornecidas pela função `precis`. A Figura 8.5 mostra o início do que você pode esperar ver exibido no console do R se tiver inserido os dados e o código corretamente.

Figura 8.5
A fase de aquecimento é o tempo que o código Stan leva para otimizar o step size e o número de leapfrogs para projetar seu plano de amostragem.

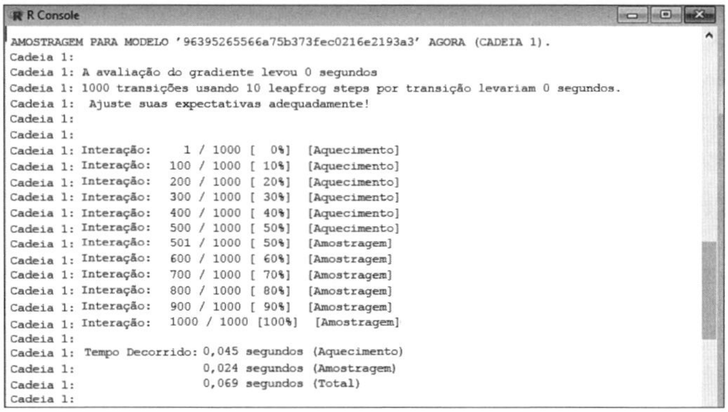

E voltando à Figura 8.4, ela mostra o que o HMC (ou, se preferir, o MCMC) tem a dizer sobre as questões empíricas abordadas pelo estudo de amostra que discutimos aqui.

Conforme discutido nos capítulos anteriores, a função `precis` retorna os valores mais prováveis para cada variável do modelo, conforme determinado pelo processo de amostragem. Nesse caso, `precis` localiza o valor mais provável para, digamos, um coeficiente de regressão (rotulado como *mean* neste exemplo) na distribuição a posteriori e o exibe na tabela `precis`. Novamente neste exemplo, a função `precis` também retorna o erro padrão associado a cada coeficiente de regressão (rotulado como *sd*).

Validando os Resultados

Ao comparar os resultados retornados pela função `ulam` com os resultados retornados por funções projetadas especificamente para análise de regressão, é possível determinar o grau em que os resultados Bayesianos concordam com os resultados frequentistas.

A Figura 8.6 mostra os resultados da função de planilha `LINEST` do Excel, executada nos mesmos dados usados para `ulam` para produzir os resultados mostrados na Figura 8.4. Eu mostrei os resultados dessa forma porque é mais direto identificar entradas específicas usando a convenção de linha e coluna do Excel do que em uma tabela do R. Além disso, você pode comparar os resultados de uma análise tradicional na Figura 8.6 com os resultados de `ulam` na Figura 8.4. As fórmulas de matriz do Excel para a análise tradicional são as seguintes:

```
=LINEST(B2:B21,C2:D21,,TRUE)
```

e

```
=LINEST(B22:B41,C22:D41,,TRUE)
```

Compare os resultados mostrados na Figura 8.4 com aqueles mostrados na Figura 8.6.

Figura 8.6
Resultados de LINEST com base nos dados do Hospital 1 e do Hospital 2.

	A	B	C
1	0	0.038505	0.886857
2	0	0.117458	0.036775
3	0.041733	0.09375	#N/A
4	0.370179	17	#N/A
5	0.006507	0.149413	#N/A
6			
7	0	-0.18024	1.057765
8	0	0.152235	0.025007
9	0.090549	0.111212	#N/A
10	0.846298	17	#N/A
11	0.020934	0.210258	#N/A

A função da planilha `LINEST` não foi projetada para retornar uma análise de regressão responsável por múltiplos interceptos; portanto, é necessário executar LINEST uma vez para cada hospital no conjunto de dados. Os dois conjuntos de resultados LINEST são mostrados em A1:C5 e A7:C11 da Figura 8.6. Não é necessário adotar a mesma abordagem ao analisar dados usando `ulam` porque o código fornece um intercepto e um coeficiente de regressão para cada hospital.

Os resultados das análises `LINEST` são muito próximos aos retornados pela função `ulam` combinada com a função `precis`. Por exemplo, compare os valores mostrados nas células B2:C2 da Figura 8.4 com aqueles mostrados nas células C1:C2 da Figura 8.6. Ao fazer isso, você estará comparando o cálculo de `LINEST` do coeficiente de regressão no Hospital 1 (Figura 8.6, célula C1) com o cálculo de `ulam` do mesmo coeficiente, também no Hospital 1 (Figura 8.4, célula B2). Você também pode comparar os erros padrão dos mesmos dois coeficientes de regressão comparando a célula C2 da Figura 8.4 com a célula C2 da Figura 8.6.

Em cada caso, os dois números que você compara são muito próximos um do outro, e as pequenas discrepâncias que você encontra são facilmente explicadas pela diferença entre a aritmética padrão e o cálculo, especialmente quando os cálculos são baseados em tamanhos de amostra de apenas vinte por amostra.

Existem três outras comparações que você deve fazer entre os resultados da Figura 8.4 e da Figura 8.6:

- Figura 8.4, células B4 e C4 com Figura 8.6, células B1 e B2
- Figura 8.4, células B3 e C3 com Figura 8.6, células C7 e C8
- Figura 8.4, células B5 e C5 com Figura 8.6, células B7 e B8

É reconfortante ver que dois métodos muito diferentes, quando deveriam, concordam tanto quanto os resultados de uma abordagem Bayesiana concordam com os de uma abordagem frequentista.

Obtendo Gráficos de Traço

Existem vários métodos populares de diagnóstico de problemas com cadeias de Markov, e um dos mais úteis é o gráfico de plotagem de traço (veja a Figura 8.7). Você chama um gráfico de traço usando uma única função simples:

```
traceplot(model_name)
```

em que *model_name* é o nome do modelo ao qual os resultados de `ulam` foram atribuídos.

Figura 8.7
Gráfico de cadeias para parâmetros no modelo.

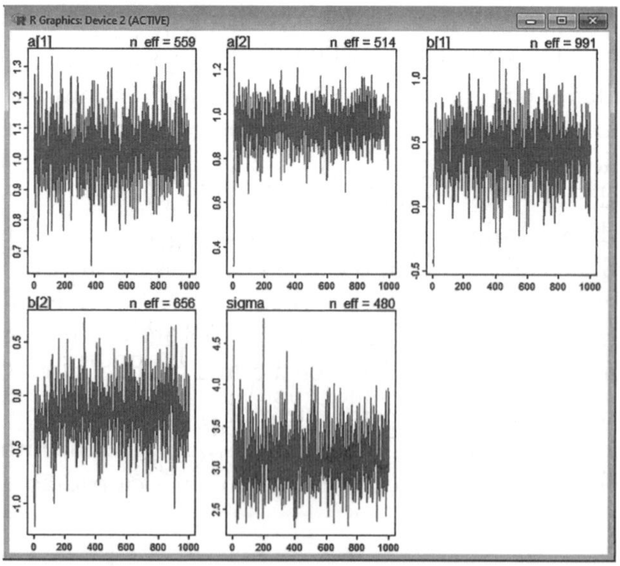

Observe que cada gráfico de traço mostra o valor de um parâmetro para uma amostra diferente. Estes são gráficos de traço razoavelmente bonitos. Seguindo a linha da esquerda para a direita, você pode ver que a linha ocupa aproximadamente a mesma área de tendência central em todas as amostras. Embora a linha se mova rapidamente pela dimensão vertical sem ficar presa em algum lugar, ela retorna rapidamente à área de tendência central.

Se seu gráfico de traço parecer muito diferente dos apresentados aqui, provavelmente você poderá obter uma amostra melhor a partir de `ulam`. Um bom lugar para começar é nas a priori, especialmente se você não tiver uma quantidade substancial de dados na verossimilhança. Considere substituir seus valores a priori por valores pouco informativos.

Resumo e Considerações Finais

Tenha em mente que você pode usar a função `ulam` no lugar das outras duas abordagens da estatística Bayesiana discutidas neste livro: aproximação de grade e aproximação quadrática. Essas duas abordagens têm desvantagens não compartilhadas pela amostragem MCMC. Passei tanto tempo com elas porque, conceitualmente, `quap` se baseia na aproximação da grade, assim como o MCMC se baseia em `quap`.

Mais importante, você pode pular todo o material deste livro referente a características distribucionais nos dados, como a forma das distribuições a posteriori. Você certamente poderia ir diretamente para as vinhetas de R, que são bem concebidas, e evitar aprender sobre, por exemplo, a priori conjugadas. Mas, nesse caso, você não sairia necessariamente sabendo por que o MCMC funciona. E se você não sabe por que funciona, não saberá como consertar quando não funcionar.

No prefácio deste livro, mencionei que achava importante que você soubesse algo sobre o autor — sobretudo quando o assunto principal do livro está sujeito a consideráveis controvérsias. O mérito relativo de duas abordagens muito diferentes da questão da análise estatística está fadado a resultar em disputas quando os estatísticos o discutem.

É quase inútil para mim apenas dizer, no contexto deste livro, que sou frequentista por formação e experiência. Eu poderia jurar que fiz o meu melhor para tratar estas duas abordagens, frequentista e Bayesiana, de maneira equilibrada, mas sei quanto vale minha palavra e você não. Então, vamos tentar uma pedra de toque diferente.

Quando eu estava na pós-graduação, meu orientador, Gene Glass, era um dos estatísticos mais conhecidos dos Estados Unidos. Ele é responsável por muitos dos avanços mais importantes na análise frequentista durante a segunda metade do século XX. Veja o tópico da meta-análise, por exemplo. A técnica básica é reafirmar as médias de dois ou mais grupos como a diferença entre essas médias, dividida pelo desvio padrão da medida do resultado. O resultado é denominado tamanho do efeito. Em muitos estudos empíricos da mesma causa, o tamanho do efeito pode ser calculado para estimar o efeito dessa causa. A técnica básica já existia e em uso esporádico por algum tempo antes da década de 1970. Um analista, de fato, chamou a meta-análise de "estudo dos estudos."

Mas ainda me lembro de seminários, sentado com vários outros alunos à mesa de jantar de Gene, observando e ouvindo-o esboçar os fundamentos de uma meta-análise formal, seus conceitos, métodos e sua terminologia (como "tamanho do efeito" e o termo próprio "meta-análise"). Ele explicou por que era ilógico omitir pesquisas primárias que mostravam "nenhum resultado significativo". Isso foi apenas um ano depois que seu primeiro livro sobre meta-análise foi publicado, um estudo de pesquisa sobre diferentes modos de psicoterapia. Mais livros foram publicados, um sobre a meta-análise do impacto do tamanho da turma no desempenho do aluno e outro sobre a análise de séries temporais.

Você não poderia pedir um frequentista mais completo do que Gene na década de 1970. Em 1978, Gene participou de um colóquio junto com outros luminares, como Lee Cronbach, Robert Stake e Ernest House. (Gene descreve essa experiência em um livro de memórias abreviado intitulado *Ghosts and Reminiscences: My Last Day on Earth as a Quantoid* [sem publicação no Brasil], que pode ser encontrado em vários locais na internet.)

Gene escreve:

> Quando as perguntas eram feitas, eu procurava esclarecer os limites que continham os pensamentos curiosos de Bob. Eu perguntava: "Só para esclarecer, Bob, entre um experimentalista e uma pessoa com conhecimento íntimo do programa em questão, em quem você confiaria para produzir o conhecimento mais confiável sobre a eficácia do programa?"

Bob escolheu o mago em programas, o esplêndido Gene:

> Eu insistia que as causas só poderiam ser conhecidas (descobertas, encontradas, verificadas) por meio de experimentos randomizados

> e controlados com duplo-cego e acompanhados de testes de significância estatística. Ernie e Bob argumentavam que, mesmo que você pudesse realizar um evento tão improvável como o experimento que descrevi, ainda não saberia o que causou um resultado desejável em um determinado local.

Bob e Ernie finalmente convenceram Gene de que o ponto de vista deles estava correto:

> Eles — Bob e Ernie — viam o experimentador como não treinado, incapaz do passo mais importante da cadeia: transmitir aos outros uma noção do que funciona e como realizá-lo.

Carlberg novamente. De alguma forma, convenci-me de que precisava complementar minha sacola de truques frequentistas com técnicas Bayesianas. Existem muitos buracos na teoria estatística frequentista tradicional para descartar a abordagem Bayesiana com um aceno indiferente da mão. Gene mostrou que é capaz de inverter todo o seu ponto de vista quanto ao valor da pesquisa empírica. Certamente posso inverter todo o meu ponto de vista quanto a algumas funções estatísticas. Não podemos todos?

Instruções de Instalação para RStan e o Pacote *rethinking* na Plataforma Windows

A

Eu gostaria de não ter que escrever isso — e que você não precisasse ler —, mas uma variedade de questões, como o *timing*, entre outras, tornam isso necessário.

Grande parte deste livro se baseia em um pacote de funções chamado *rethinking*. Essas funções ajudam o aspirante a analista Bayesiano a realizar três tipos básicos de análise: aproximação de grade, aproximação quadrática e de Monte Carlo via Cadeias de Markov. Minha expectativa é que aprender a usar as funções no pacote *rethinking* ajude a estabelecer as bases para a funcionalidade mais complexa incorporada ao RStan. (RStan é o código C++ que fornece uma interface entre R e o código Stan.)

Existem algumas precauções das quais você deve estar ciente antes de mergulhar mais do que superficialmente neste livro:

- Na data da publicação deste livro, o código que forneci não poderá ser executado em um computador Macintosh. Certamente, o próprio R vem em uma versão que será executada no Mac, mas essa versão não foi projetada para usar o código no pacote *rethinking*.

- Sem dúvida, você está familiarizado com as convenções empregadas em computadores Windows. Aqui, tenho em mente características como diferenciação de maiúsculas e minúsculas (o R acredita que Variable1 e variable1 são duas variáveis diferentes) e a direcionalidade das barras entre nomes de pastas em caminhos (Windows prefere barras invertidas, enquanto R prefere barras).
- A instalação do RStan e do pacote *rethinking* é simples, mas um tanto lenta. Felizmente, uma vez instalado, não é preciso reinstalá-lo, a menos que uma versão da qual você não possa prescindir esteja disponível. A instalação que recomendamos aqui funciona bem no momento da publicação do livro.

Presumimos que você tenha instalado ou instalará uma versão recente do R para Windows no site do projeto CRAN. Estes são seus próximos passos:

1. Iniciar o R. O console do R aparece.
2. No menu principal do R, escolha Arquivo, Novo Script.
3. Digite o seguinte código no novo painel de script ou, se tiver uma versão digital do código, simplesmente copie e cole-o no novo painel de script. (Os sinais numéricos indicam linhas de comentário.)

```
# instale rstan a partir do CRAN
install.packages('rstan')
# instale cmdstanr a partir do repositório Stan
install.packages("cmdstanr", repos = c("https://mc-stan.org/r-packages/", getOption("repos")))
# certifique-se de que o Rtools esteja instalado e configurado corretamente
# isso pode demorar um pouco
cmdstanr::check_cmdstan_toolchain(fix = TRUE)
# então instale cmdstanr
# isso pode demorar um pouco também
cmdstanr::install_cmdstan(cores=2)
# instale pacotes do CRAN necessários para rethinking
install.packages(c("coda","mvtnorm","devtools","loo","dagitty","shape"))
# instale o rethinking a partir do GitHub
devtools::install_github("rmcelreath/rethinking")
```

4. Com o novo painel de script ainda ativo, escolha Executar Tudo no menu Editar. Mensagens do R aparecerão no console.

Quando o código que executa a instalação for concluído, você estará pronto para começar.

Glossário

endereço absoluto

No Excel, usa-se $ antes de um número de linha e uma letra de coluna para bloquear uma fórmula para essa linha e coluna. $C$5 é um endereço absoluto e, se usado em uma fórmula, não será alterado se a fórmula for copiada para uma linha ou coluna diferente. C5 é um endereço relativo, e $C5 e C$5 são endereços mistos.

alist

Uma lista em R que serve como uma espécie de espaço reservado. Os elementos em uma lista não são necessariamente avaliados imediatamente, mas podem esperar até que outros elementos na lista com prioridade mais alta sejam avaliados.

Análise de Covariância (ANCOVA)

Semelhante à Análise de Variância, a ANCOVA adiciona ao projeto uma variável numérica chamada covariável. Antes que as médias do grupo sejam testadas para diferenças, a correlação entre a covariável e a variável de resultado é usada para ajustar os valores da variável de resultado.

Análise de Variância

Um teste para determinar a "significância estatística" da diferença entre duas (ou geralmente mais) médias de grupo. A variância entre os grupos é dividida pela variância dentro dos grupos. Se esta proporção for muito grande, conclui-se que, pelo menos, duas das médias do grupo diferem entre si.

autocorrelação

Um tipo de correlação em que, por exemplo, o segundo valor é pareado com o primeiro, o terceiro valor é pareado com o segundo, o quarto valor é pareado com o terceiro e assim por diante. A autocorrelação desempenha um papel em muitos tipos de análise estatística, mas é particularmente útil na análise de séries temporais.

Bayesiano

Uma coleção de testes estatísticos cuja validade depende de um teorema articulado por Thomas Bayes, que define a relação entre a distribuição a priori, a verossimilhança e a distribuição a posteriori.

`BETA.DIST` (`DIST.BETA` na versão em português)

Uma função do Excel que retorna a probabilidade relativa de um evento, quando é distribuído como uma variável contínua, dado o número de sucessos e falhas desse evento. Compare com `BETA.INV`.

`BETA.INV` (`INV.BETA` na versão em português)

Uma função do Excel que retorna a frequência de um evento, quando é distribuído como uma variável contínua, dados os sucessos e falhas observados desse evento. Compare com `BETA.DIST`.

`BINOM.DIST` (`DIST.BINOM` na versão em português)
Uma função do Excel que retorna a probabilidade relativa de um evento, quando é distribuído como uma variável discreta, dado o número de sucessos e falhas desse evento. Compare com `BINOM.INV`.

`BINOM.INV` (`INV.BINOM` na versão em português)
Uma função do Excel que retorna a frequência de um evento, quando é distribuído como uma variável discreta, dados os sucessos e falhas observados desse evento. Compare com `BINOM.DIST`.

distribuição binomial
Uma distribuição que pode assumir um de apenas dois valores; por exemplo, cara e coroa para moedas, seis e "não seis" para dados.

Teorema do Limite Central
A expectativa de que os valores médios de muitas amostras formarão uma curva Gaussiana normal, independentemente da forma das populações das quais as amostras foram retiradas.

`COMBIN`
Uma função do Excel que retorna o número de maneiras de obter alguns itens de um conjunto maior. Use `COMBIN` para retornar o valor quando você perguntar quantas maneiras existem para obter cinco tacos de um conjunto de treze tacos. Muitas vezes mostrado como nCr.

erro de tempo de compilação
Um erro de software induzido por um erro no próprio código, como, em algumas linguagens, o uso de um nome de variável sem antes declará-lo.

`complete.cases`
Uma função do R que retorna apenas os casos em um data frame que não possuem valores ausentes nas variáveis do data frame.

intervalo de confiança
Uma faixa de valores de uma variável numérica dentro da qual uma parte especificada de casos pode ser encontrada. A largura do intervalo está sob controle do analista; por exemplo, um intervalo de confiança de 90% na pressão arterial sistólica pode se estender de 120 a 130, enquanto um intervalo de confiança de 95% na mesma variável pode se estender de 110 a 140.

conjugar a priori e verossimilhança
Quando uma distribuição a priori e a posteriori são da mesma família distributiva, as distribuições a priori e a posteriori juntas são denominadas um par conjugado. A própria a priori pode ser denominada um conjugado a priori à verossimilhança. Quando esta condição existe, expressões de forma fechada para a posteriori tornam-se possíveis e o cálculo de integrais pode se tornar desnecessário.

coeficiente de correlação
Uma medida da direção e força da relação entre as variáveis. Pode variar de -1 (relação forte e indireta) a +1 (relação forte e direta).

valor crítico

Um valor de uma distribuição, como uma distribuição F, t ou q, que informa ao analista que uma estatística observada é improvável nesse valor ou além dele. O valor crítico está associado a um nível de probabilidade selecionado pelo analista.

dados (como uma etapa)

Informação quantitativa adquirida com a intenção de combiná-la com informação a priori do mesmo tipo. Também denominada *verossimilhança.*

data frame

No R, uma estrutura de dados bidimensional semelhante a uma tabela no Excel, sujeita a várias regras (por exemplo, cada coluna deve ter o mesmo número de itens de dados).

`dbeta`

Uma função do R que retorna a densidade de uma distribuição beta, dados os argumentos shape1 e shape2, geralmente interpretados como sucessos e falhas.

graus de liberdade

O número de valores em um conjunto que são livres para mudar sem alterar uma característica do conjunto. Se os números de um a cinco constituírem um conjunto, então quatro desses cinco números poderiam mudar sem restrição e a média do conjunto permaneceria a mesma. É claro que o quinto valor teria que mudar para manter a média, mas o valor do quinto item seria limitado pela combinação dos valores dos quatro primeiros itens e da própria média. O conceito de graus de liberdade ocorre em toda a inferência estatística e é um dos mais difíceis de entender dos conceitos básicos de inferência.

densidade

Uma medida da frequência relativa de um valor em uma distribuição. Compare com *massa.*

determinante

Uma propriedade de uma matriz quadrada que permite tarefas como encontrar o inverso de uma matriz e resolver sistemas de equações lineares.

dexp

Uma função do R que retorna a densidade de um valor na distribuição exponencial.

variável discreta

Uma variável cujos valores não têm relação quantitativa entre si. Por exemplo, a *marca do carro* inclui a Ford e a Toyota como valores, mas a Ford não implica uma quantidade maior de "carrismo" do que a Toyota. Compare com *variável contínua.*

`dnorm`

Uma função do R que retorna a densidade de um valor na distribuição normal.

codificação fictícia

Um método de identificação de membros de grupos atribuindo 1s e 0s a grupos, resultando na interpretação conveniente de coeficientes de regressão em uma análise de regressão múltipla.

fórmula de matriz dinâmica

Um tipo de fórmula de matriz no Excel, datada de 2021, que seleciona por conta do usuário o intervalo que a fórmula ocupará. Como as fórmulas regulares, ela é iniciada pressionando a tecla Enter em vez da sequência Ctrl+Shift+Enter.

suavização exponencial

Uma técnica, usada principalmente na análise de séries temporais, que prevê um novo valor em uma série por meio da relação entre qualquer valor da série e todos os valores anteriores nessa série. A influência de cada valor anterior é reduzida exponencialmente em função do número de observações intervenientes.

razão F

A razão de uma variância para outra. Usada com mais frequência na análise de variância, em que uma razão F muito grande é tomada como evidência de uma diferença confiável entre as médias dos grupos.

fator

(1) Uma variável, normalmente medida em uma escala nominal, que serve para dividir os casos de acordo com a adesão. Por exemplo, a marca do carro é um fator possível; seus valores incluem Ford, Toyota, BMW e vários outros. Você pode querer comparar o MPG médio para cada valor do fator de marca do carro. (2) Uma variável não observada que é um composto de variáveis observadas, usada em tratamentos estatísticos como análise fatorial.

fatorial

Uma sequência de produtos de números inteiros consecutivos em uma série. Por exemplo, a expressão *3 fatorial* é avaliada como 3 * 2 * 1. A operação fatorial é representada pelo símbolo !; por exemplo, 3! é uma abreviação de três fatorial.

fator fixo

Um fator fixo compreende apenas os níveis do fator que são de interesse do experimentador, ou os únicos níveis que existem. A classificação de um fator como fixo ou aleatório tem implicações sobre como métodos como a análise de variância são executados. Compare com *fator aleatório.*

a priori plana

Uma a priori que contém um valor constante ao longo de cada um de seus quantis. Veja também *a priori não informativa.*

distribuição de frequência

Uma distribuição de valores, geralmente mostrada como um histograma, que possui quantis (ou contagens brutas) em seu eixo horizontal e uma contagem do número de observações associadas a cada quantil específico como seu eixo vertical.

frequentista

Um estatístico que faz comparações entre amostras e populações hipotéticas, usando médias de grupo como medida de comparação. Por outro lado, um Bayesiano faz comparações entre amostras e populações geradas por computador, usando probabilidades nas distribuições apropriadas como medida de comparação.

função Gamma (Γ)
A função Gamma estende a capacidade fatorial, normalmente usada apenas com números inteiros, para números complexos.

Gaussiano
Pertencente à curva normal. Nomeado após as contribuições feitas por Carl Gauss à teoria da curva normal.

homogeneidade de variância
Uma suposição feita por certos testes estatísticos inferenciais. A suposição é que as amostras representam populações cujas variâncias são equivalentes. A suposição é considerada amplamente, se não completamente, robusta com relação à sua violação.

interseção implícita
No Excel, uma interseção entre dois intervalos de planilha que na verdade não se sobrepõem. A interseção é implícita por linhas ou colunas que dois intervalos têm em comum. Alterações na dicção e na sintaxe da fórmula do Excel, feitas em 2018, permitiram esse aprimoramento, juntamente com outros, como fórmulas de matriz dinâmica.

variável de índice
Um tipo de variável fictícia.

interação
Na análise de variância, é típico avaliar dois ou mais fatores simultaneamente. Em um projeto que avalia a renda anual, um pesquisador pode calcular a renda média para homens e mulheres, bem como para Republicanos e Democratas. Então haveria um efeito principal para sexo e outro efeito principal para partido político. Também haveria um efeito de interação com quatro células: mulheres Democratas, mulheres Republicanas, homens Democratas e homens Republicanos. Entretanto, as interações não se limitam a dois fatores. Interações entre variáveis contínuas, particularmente em estatísticas Bayesianas, são plausíveis e úteis.

intercepto
(Frequentemente chamado de *constante.*) O intercepto é o ponto onde a linha de regressão cruza o eixo Y de um gráfico e, portanto, onde os produtos dos coeficientes de regressão e suas variáveis preditoras associadas são zero.

inverso (de uma matriz)
Na álgebra de matrizes, quando a Matriz A é pré ou pós-multiplicada pela Matriz B, se a matriz resultante tiver o numeral 1 em cada célula da diagonal principal e 0 em qualquer outro lugar, a Matriz A e a Matriz B são inversas uma da outra.

leapfrogging
As etapas que um amostrador executa para cobrir com mais eficiência uma distribuição a posteriori são denominadas leapfrog steps.

regressão de mínimos quadrados
Um método de quantificar a relação entre uma variável predita e uma ou mais variáveis preditoras, em que o critério é atendido quando a soma dos desvios quadrados entre os valores preditos e reais é minimizada.

função `library`
Uma função do R que instrui o R a disponibilizar um pacote instalado de funções que, juntas, atingem um propósito quantitativo específico.

verossimilhança
A aquisição de novos dados após o estabelecimento de uma a priori e antes do cálculo de uma nova a posteriori.

`LINEST` (`PROJ.LIN` na versão em português)
Uma função do Excel que realiza a regressão de mínimos quadrados.

lm
Uma função do R que realiza a regressão de mínimos quadrados.

logaritmo (log)
A potência à qual uma base é elevada para resultar em um determinado número.

Monte Carlo via Cadeias de Markov (MCMC)
Um método relativamente rápido de geração de amostras de uma distribuição a posteriori por meio de métodos de amostragem que empregam características distributivas especificadas pelo usuário, como medidas de tendência central e dispersão.

massa
Uma medida da área (geralmente expressa em porcentagem) sob uma curva e delimitada por dois pontos no eixo horizontal. Compare com *densidade.*

álgebra matricial
Uma coleção de ferramentas que permite a manipulação de matrizes da mesma forma que a aritmética simples manipula números individuais. Operações típicas em álgebra matricial incluem multiplicação de matrizes, inversão de matrizes, transposição de matrizes e o cálculo de determinantes.

média
A média aritmética. O total de um conjunto de valores dividido pelo número desses valores.

multicolinearidade
Uma condição na qual duas ou mais variáveis preditoras em uma equação de regressão estão perfeitamente ou muito intimamente correlacionadas. Usando técnicas tradicionais de álgebra matricial, essa condição causa resultados de regressão sem sentido, como valores negativos para R^2.

múltiplas comparações
Várias técnicas, geralmente empregadas após uma ANOVA, projetadas para identificar quais médias de grupo na ANOVA são significativamente diferentes umas das outras.

regressão múltipla

Regressão linear usando duas ou mais variáveis independentes e uma única variável dependente.

nCr

Abreviação formulada para uma função que retorna o número de maneiras de combinar N coisas, R coisas por vez.

a priori não informativa

Consulte *a priori plana.*

`NORM.S.INV`

Uma função do Excel que retorna um quantil da curva normal padrão, dado um nível de probabilidade fornecido pelo usuário.

distribuição normal (ou Gaussiana)

A chamada curva de sino, caracterizada por uma única medida de tendência central (a média) e uma única medida de dispersão (o desvio padrão ou variância). A distribuição normal descreve muitas variáveis diferentes, incluindo os valores médios de várias outras formas de distribuição.

hipótese nula

Uma hipótese que assume que não há diferença pós-tratamento, além de uma falha de projeto, como erro de amostragem, entre dois ou mais grupos quando eles foram inicialmente equiparados por seleção e atribuição aleatórias.

parâmetro

Nas estatísticas frequentistas tradicionais, um parâmetro é calculado sobre uma população, enquanto uma estatística é calculada sobre uma amostra. O parâmetro não pode ser observado diretamente, mesmo porque a população mudou durante a aquisição de dados. Nas estatísticas Bayesianas o parâmetro ainda não pode ser observado mas é identificado como o valor com a probabilidade a posteriori máxima.

`pbinom`

Uma função R que retorna uma probabilidade cumulativa da distribuição binomial, dado um quantil ou um vetor de quantis, o número de tentativas e a probabilidade de sucesso em qualquer tentativa.

p-hacking

A prática vergonhosa de selecionar uma técnica de análise de dados específica, ou um subconjunto específico dos dados disponíveis, a fim de inflar artificialmente a aparente significância estatística das descobertas.

função PI

Uma função rethinking que retorna a massa de probabilidade mais alta para um determinado intervalo de percentil em uma amostra.

barra vertical ou pipe

Uma barra vertical |, usada principalmente no R como separador em uma lista de argumentos.

contrastes ortogonais planejados

Uma técnica de comparação múltipla, caracterizada pela especificação de coeficientes variáveis antes da coleta de dados, de forma que os coeficientes não sejam correlacionados entre si. Mais potente estatisticamente do que as alternativas, mas ainda não especialmente potente.

distribuição a posteriori

Uma distribuição de valores retornados por R, o resultado da combinação de uma distribuição a priori com uma distribuição de verossimilhança.

`precis`

Uma função no pacote rethinking que cria uma tabela de resumo de estimativas, desvios padrão e correlações entre parâmetros em um determinado modelo, geralmente produzido pelas funções `quap` ou `ulam`.

variável preditora

Uma variável em uma equação de regressão que mantém uma relação quantificável com a variável de resultado da equação e que contribui para a precisão da equação preditiva.

a priori

Uma análise Bayesiana deve incluir uma estimativa inicial da probabilidade de cada valor de cada parâmetro. Essas estimativas são denominadas coletivamente "a priori".

função densidade de probabilidade (PDF)

Uma medida que expressa a altura de uma curva em um determinado quantil em relação à altura da curva em outros quantis.

função de massa de probabilidade (PMF)

Uma medida que expressa a quantidade de área sob uma curva como uma porcentagem da área total sob a curva.

`qbinom`

Uma função do R que retorna um vetor de quantis quando é fornecida com um vetor de probabilidades, número de tentativas, o tamanho de cada tentativa e a probabilidade de sucesso em cada tentativa.

aproximação quadrática

Uma distribuição a posteriori que se assemelha a uma curva normal ou Gaussiana.

quantil

Um método de dividir uma distribuição em componentes igualmente espaçados. Um quantil é um termo de uso geral para percentis, decis e quartis.

`quap`

Uma função de rethinking que retorna uma distribuição Gaussiana a posteriori de acordo com as especificações fornecidas pelo usuário.

R^2

Um método de calcular a melhor relação entre uma variável predita e uma ou mais variáveis preditoras que minimiza o total dos desvios quadrados entre as observações preditas e reais.

fator aleatório

Um fator cujos níveis são selecionados aleatoriamente de uma população maior de níveis de fator. O fator *hospital* e o fator *paciente* seriam normalmente considerados fatores aleatórios. Um experimento pode incluir fatores fixos e aleatórios, e o tratamento estatístico dos dados de tal experimento seria diferente de um tratamento que usa apenas fatores fixos.

variáveis de razão

Variáveis contínuas que têm um ponto zero verdadeiro, como graus Kelvin.

`rbinom`

Uma função do R que retorna valores aleatórios de uma distribuição binomial.

regressão

Um tipo de análise estatística que depende fortemente do uso de correlações entre variáveis preditoras e variáveis preditas. A regressão é um método padrão usado com o modelo linear geral e pode ser usado no lugar de outros tipos de análise bem conhecidos, como o teste t e a análise de variância.

coeficiente de regressão

Um coeficiente para uma variável preditora em uma equação de regressão que ajuda a equação completa a minimizar os desvios quadrados entre os valores observados e previstos.

endereço relativo

Um meio de endereçar uma célula em uma planilha do Excel. Se a célula for copiada e colada em uma célula diferente na planilha, todas as células endereçadas por meio de um endereço relativo ajustam sua linha e/ou coluna de acordo. Compare com *endereço absoluto.*

função `rep`

Uma função do R que retorna um número fornecido pelo usuário de replicações de um dado valor.

pacote rethinking

Uma coleção de funções que podem ser instaladas e executadas em um computador pessoal. As funções são projetadas para preencher a lacuna entre o conhecimento de um analista sobre as características distributivas e relacionais das variáveis de interesse e a sintaxe das funções definidas e reconhecidas na linguagem de programação RStan. Como tal, muitas dessas funções podem ser consideradas funções "auxiliares" ou "wrappers". Projetada e escrita por Richard McElreath.

`sample`

Uma função R que retorna amostras aleatórias de um vetor, como uma grade de probabilidade.

Scheffé

Um método de comparações múltiplas, capaz de comparações post hoc e contrastes complexos, como a média de dois grupos contra a média de três outros grupos. O mais conservador dos procedimentos de múltiplos contrastes reconhecidos.

escopo
No Excel, um nome pode se referir a uma célula ou a um intervalo de células em uma planilha. O nome pode ser definido como pertencente a uma planilha específica ou a uma pasta de trabalho como um todo. Esse é o escopo do nome. No VBA, as variáveis podem ser definidas no nível do módulo ou no nível do procedimento. O local em que a variável é declarada determina o escopo da variável.

função `seq`
Uma função do R que gera uma sequência equidistante de valores numéricos, dado um valor inicial, um valor final e o número de valores a serem gerados.

função `setwd`
Uma função do R que especifica o diretório de trabalho que o R usará para ler arquivos de dados e gravar os dados de saída.

assimétrica
Uma variável cuja distribuição é assimétrica é dita assimétrica.

inclinação
O gradiente de uma linha de regressão. O grau de mudança na posição vertical da linha de regressão para cada unidade de mudança em sua posição horizontal. Em um contexto de regressão múltipla, provavelmente é mais preciso referir-se ao coeficiente de um preditor do que à sua inclinação.

Solver
Um utilitário VBA para Excel que deriva o valor mínimo, máximo ou especificado de um precedente, dado o valor desejado de uma consequência. Semelhante, mas mais complexo do que a ferramenta Goal Seek do Excel.

desvio padrão
A raiz quadrada do desvio quadrado médio entre cada valor no conjunto e a média desses valores. É uma medida conveniente e padrão da localização de um valor em uma distribuição, particularmente uma distribuição Gaussiana, que é definida por sua média e grau de dispersão.

erro padrão de estimativa
O desvio padrão da diferença entre os valores observados e os valores previstos por uma equação de regressão.

erro padrão do intercepto
O desvio padrão associado ao intercepto ou constante de uma equação de regressão. Útil para avaliar a distância entre o intercepto relatada e 0.

erro padrão da média
O desvio padrão das médias do grupo. Nos métodos frequentistas, o erro padrão da média é geralmente estimado a partir da média de um grupo, dividindo-se o desvio padrão da amostra pela raiz quadrada do tamanho da amostra.

`Str`
Uma função do R que resume informações estruturais sobre variáveis individuais em um objeto do R, como um data frame.

a priori forte

Uma distribuição a priori baseada em tantos casos que é improvável que uma probabilidade mova a distribuição a posteriori para longe da a priori.

soma dos quadrados e produtos cruzados (SSCP)

Uma matriz usada em álgebra matricial que mostra somas de quadrados na diagonal principal e somas de produtos cruzados nas células fora da diagonal.

Tibble

Um utilitário R que reformata um resumo de resultados em uma tabela visualmente mais atraente e informativa do que um resumo de resultados padrão.

gráfico de traço

Um gráfico de linhas que mostra as amostras produzidas, por exemplo, por uma cadeia de Markov, plotadas em ordem sequencial. Gráficos de traço são úteis para diagnosticar problemas com cadeias de Markov.

teste t

Um teste estatístico, muitas vezes, mas nem sempre, da diferença entre dois valores médios. Normalmente, um teste t divide uma estatística, como a diferença entre duas médias, pelo erro padrão dessa estatística. Se a variabilidade entre as médias dos grupos for improvavelmente grande em comparação com a variabilidade entre os casos individuais, o analista pode concluir que a diferença entre as médias é confiável. Um teste t também pode ser usado como um teste da diferença entre um coeficiente de regressão e zero.

erro Tipo I

Um erro do Tipo I faz com que o analista conclua que um tratamento teve efeito quando na verdade não teve. Um falso positivo.

erro Tipo II

Um erro do Tipo II leva o analista a concluir que um tratamento não teve efeito quando de fato teve. Um falso negativo.

`ulam`

Uma função auxiliar no pacote rethinking que fornece as informações necessárias para o RStan gerar um modelo e extrair amostras desse modelo. Stan Ulam foi um matemático austríaco que contribuiu muito para o desenvolvimento dos modelos MCMC.

distribuição uniforme (retangular)

Uma distribuição uniforme tem um valor constante em todos os seus quantis. Isso a torna particularmente útil para designar a dispersão de um parâmetro: os desvios padrão são constantes entre os quantis.

a priori uniforme

Uma a priori uniforme atribui o mesmo valor a todos os quantis em uma a priori.

variância

A diferença média quadrada entre a média de um conjunto de valores e cada valor individual nesse conjunto. A raiz quadrada da variância é o desvio padrão. Com tamanhos de amostra pequenos, o viés na variância é removido dividindo-se pela contagem menos um, em vez da contagem exata. Nesse contexto, a quantidade "contagem menos um" é chamada de "graus de liberdade".

aquecimento

Uma fase inicial do trabalho feito por um amostrador para determinar o tamanho da etapa necessária para cobrir a posteriori com mais eficiência.

a priori fraca

Uma a priori fraca tem tão poucos valores em seus quantis que a priori praticamente não tem efeito sobre uma distribuição a posteriori, devido ao efeito de combinar a a priori com uma verossimilhança muito maior.

escore z

Um escore z, ou pontuação padrão, subtrai a média de um conjunto de pontuações de uma pontuação observada e divide essa diferença pelo desvio padrão do conjunto. Ele informa imediatamente se uma determinada pontuação está acima ou abaixo da média e o número de desvios padrão que separa essa pontuação da média.

Índice

A

B

C

D

E

F

G

U

V

W

Z

Este livro foi impresso nas oficinas gráficas da Editora Vozes Ltda.,
Rua Frei Luís, 100 – Petrópolis, RJ.